경제와 놀자

돈 감각을 기르는
어린이 경제교육 첫걸음

경제와 놀자

강지윤, 윤종훈 지음
신지혜 그림

유아이북스

머리말

여러분은 살면서 끊임없이 경제활동을 하고 있어요. 친구들과 편의점에서 간식을 사 먹는 것, 부모님께 받은 용돈을 저축하는 것 모두 경제활동에 해당해요. 심지어 하루 24시간으로 정해진 시간을 어떻게 사용할지 고민하는 것도 경제활동이라고 볼 수 있어요.

그렇지만 용돈과 시간은 내가 원하는 만큼 충분히 주어지지 않아요. 그래서 용돈이 부족한 상황이 한 번씩 생기기도 하지요. 또 친구들과 놀고 싶기도 하고 학원 숙제도 해야 하는데 시간이 부족해서 어떻게 해야 할지 고민하기도 해요. 이렇듯 우리는 수많은 선택의 갈림길에서 한정된 용돈과 시간을 지혜롭게 쓰기 위해 노력하고 있어요.

경제는 여러분이 다양한 상황에서 가장 올바른 의사결정을 할 수 있도록 도와줘요. 왜냐하면 경제는 가장 '합리적인 의사결정'이 무엇인지 끊임없이 고민하기 때문이에요. 우리에게 용돈과 시간을 어떻게 써야 하는지에 대한 해답을 알려주지요. 경제를 열심히 배우다 보면 나중에 정말 중요한 의사결정을 해야 할 때 큰 힘이 될 거예요.

그렇다면 경제는 어떻게 공부해야 할까요? 우선 단순히 경제용어를 읽고 외우는 것은 그리 중요하지 않아요. 세상의 모든 경제 현상에는 원인과 결과가 있어요. 그래서 어떤 경제 현상을 마주했을 때 항상 '왜?'라는 물음부터 갖고 이 책을 읽다 보면 스스로 그 답을 찾을 수 있을 거예요.

2024년 5월

강지윤, 윤종훈

> **부모님께 드리는 글**
>
> 경제 개념들을 아이들이 학교에서 공부하는 교과서 내용과 최대한 연계해 설명했습니다. 누구나 쉽게 이해할 수 있도록 최대한 쉽게 풀어쓰려고 노력했습니다. 그렇지만 혹시라도 아이가 읽으면서 어려워하는 부분이 있다면 읽고 넘어가라고 지도해 주세요. 경제 개념에 친숙해지는 것, 그 자체로도 의미가 있으니까요.
>
> 이 책으로 아이들이 경제 현상의 원인과 결과를 배우면서 경제개념을 익히고 논리적인 사고력을 높일 수 있으리라 믿습니다.

목차

2교시 용돈으로 경제 활동하기

5교시 재미있는 경제 용어

초등학교 교육과정 연계 내용

[5-2 실과] 올바른 시간 관리 방법

[4-2 사회] 경제활동에서 발생하는 선택의 문제

[6-1 사회] 나라 간에 경제 교류를 하는 까닭

1
교시

어린이
경제 기초

경제 공부는 왜 해야 할까요?

하루는 24시간으로 정해져 있어요. 마찬가지로 우리가 받는 용돈도 부모님이 주시는 액수 만큼 정해져 있지요. 내가 원하는 대로 마음껏 놀 수도 없고, 사고 싶은 것을 모두 다 살 순 없어요. 그래서 우리는 하루 24시간과 용돈을 어디에, 얼마만큼, 어떻게 사용해야 할지 선택해야 해요.

예를 들어볼까요? 학교를 다녀와서 저녁 식사를 하고 잠자기 전까지 2시간이 남았다고 생각해 봐요. 그 시간 동안 나는 수학 공부를 할 수도 있고, 유튜브를 볼 수도 있고 동생과 놀 수도 있어요. 이처럼 나에게 주어진 시간을 쓰는 방법은 다양해서 어디에, 얼마만큼 쓸지 스스로 신중하게 결정해야 하지요.

만약 내가 2시간 중 1시간을 수학 공부하는 데 쓰고 1시간을 유튜브를 보기로 했다면, 다음에는 '어떻게' 수학 공부를 할지 결정해야 해요. 오늘 학교에서 배운 내용을 복습할지 아니면 내가 어려워하는 부분을 공부할지 말이에요.

용돈도 마찬가지랍니다. 용돈을 쓰기 전에 사용계획을 세워야 해요. 계획을 세우지 않고 용돈을 다 써버린다면 꼭 필요한 것을 사지 못하거나 친구들과 간식을 사 먹지 못할 수도 있답니다.

용돈 사용계획을 세울 때는 어느 곳에 우선순위를 둘지 고민해야 해요. 우선순위란 어떤 것부터 먼저 사용할지 순서를 매기는 거랍니다. 만화책을 살지, 친구들과 아이스크림을 먹을지, 또 얼마큼 저축할지 선택해야 하지요.

저녁 시간을 사용하는 것과 용돈을 사용하는 것의 공통점은 무엇일까요? 바로 시간과 용돈은 쓸 수 있는 양이 한정되어 있고, 어디에 어떻게 쓸지 내가 선택해야 한다는 거예요. 경제를 배우면 이러한 선택의 문제에서 올바른 의사결정을 하는 힘을 기를 수 있어요.

왜냐하면 경제학에서는 합리적인 선택이 무엇인지 항상 고민하기 때문이에요. 쉽게 말해서 나에게 가장 큰 만족을 주는 선택이 어떤 것인지 논리적으로 판단한다는 의미랍니다.

또 경제학은 우리 사회를 공부하는 데 많은 도움을 줘요. 물건 가격이 왜 오르고 내리는지, 은행에 저축하면 왜 이자가 생기는지, 세금은 왜 내야 하는지 등을 알려주지요. 항상 '왜?'라는 물음을 가지고 경제를 공부하다 보면 내가 살고 있는 우리 사회에 대해 더 잘 이해할 수 있게 된답니다.

02

화폐는 어떻게 생겨났을까요?

옛날 옛적, 사람들은 필요한 물건과 식량을 스스로 만들거나 구해서 생활했어요. 그래서 다른 사람들에게 물건을 살 필요를 느끼지 못해 화폐가 필요하다고 생각하지 않았지요. 이렇게 살아가는 방식을 '스스로 공급하고 스스로 만족한다'라는 뜻에서 '자급자족'이라고 한답니다.

그러나 사회가 점차 발전하면서 사람들은 필요한 물건을 전부 스

스로 만드는 것이 힘들다고 느꼈어요. 그래서 자신이 가장 잘 만들수 있는 물건을 만들어 다른 사람과 교환하는 것이 더 이득이라는 것을 깨닫게 되었지요.

예를 들면, 어부는 물고기를 잡고 사냥꾼은 사슴이나 멧돼지를 사냥해서 교환하는 것이지요. 어부는 고등어 5마리를 가지고 사냥꾼에게 가서 사슴 1마리와 교환했어요. 이것을 '물건과 물건끼리 교환한다'라는 의미로 '물물교환'이라고 한답니다.

하지만 물물교환은 불편한 점이 많았어요. 어부는 고등어를 가지고 다니면서 매번 사슴을 가지고 있는 사냥꾼을 찾으러 다녀야만 했지요. 또 사냥꾼이 사슴을 가지고 있더라도 고등어를 원하지 않으면 물건을 교환할 수 없었답니다. 심지어 시간이 지나면 고등어가 상하

기 때문에 어부는 손해를 보았어요.

'고등어를 가지고 다니는 방법보다 더 쉽고 편한 방법이 없을까?'
하며 고민하다 생각해 낸 것이 바로 '화폐'예요. 아주 옛날에는 조개
껍데기나 곡식을 화폐로 사용했어요. 이런 것들을 물품화폐라고 한
답니다. 사람들은 진짜 물건 대신 물품화폐를 가지고 다니면서 자신
에게 필요한 물건과 교환할 수 있었어요.

그런데 조개껍데기나 곡식도 불편한 점은 있었어요. 조개껍데기
는 깨지기 쉽고, 곡식은 오랫동안 보관하기 어려웠어요. 그래서 금이
나 은, 청동 등으로 만든 금속화폐를 사용하게 되었어요. 금속화폐
는 단단하고 시간이 지나도 상하지 않는다는 장점이 있었답니다.

오늘날에는 금속화폐보다 가볍고 보관하기도 쉬운 지폐, 즉 종이
로 만든 돈이 사용되고 있어요. 하지만 최근에는 신용카드와 같은
전자화폐를 훨씬 많이 사용해요. 미래에는 지폐가 없어지는 날이 올
수도 있지 않을까요?

읽을거리

우리나라 최초의 금속화폐는?
우리나라에서 만들어진 최초의 금속화폐는 996년 고려 성종 때 제작된
건원중보예요. 건원중보는 중간에 네모난 구멍이 뚫려 있고 사방에 한자로
건원중보라고 적혀있어요.

03

선택에는 대가가 따라요

새로 나온 휴대폰과 멋진 옷을 마음껏 사고 맛있는 음식도 매일 먹을 수 있다면 얼마나 좋을까요? 하지만 그럴 수 없다는 건 모두가 알고 있어요. 나에게 주어진 용돈은 정해져 있기 때문이에요. 그래서 우리는 용돈을 어디에 쓸지 선택해야 해요.

그런데 선택에도 비용이 든다는 사실을 알고 있나요? 내가 어떤 한가지를 선택했다면, 아쉽더라도 다른 나머지는 포기해야 해요. 이렇게 선택하고 나면 포기하게 되는 기회 중 가치가 가장 큰 것을 경제학에서는 '기회비용'이라고 해요.

예를 들어, 만 원으로는 무엇을 할 수 있을까요? 책을 사서 공부를 할 수도 있고, 친구들과 피시방에 가서 게임할 수도 있어요. 내가 만약 친구들과 피시방에서 게임하는 걸 선택했다면, 책을 사서 공부하는 건 포기할 수밖에 없겠지요. 이 상황에서 기회비용은 내가 책을 사서 읽고 알게 될 지식이 되겠네요.

축구 선수들은 고등학교를 졸업한 뒤 대학교로 진학하지 않고 바로 프로 축구선수가 되는 경우가 많아요. 왜냐하면 대학교에 입학하면 기회비용이 크기 때문이에요. 대학교 입학을 선택하면 등록금도 내야 하고 프로 축구선수로서 받을 수 있는 엄청난 연봉을 포기해

야 하지요.

그렇다면 돈 말고 시간에도 기회비용이 있을까요? 정답은 '있다' 입니다. 학원을 마치고 집에 돌아온 뒤 저녁 시간에 나는 숙제할 수 도 있고 유튜브를 볼 수도 있어요. 만약 유튜브 보는 것을 선택했다 면 여기서 기회비용은 숙제를 해서 얻을 수 있는 지식과 선생님께 받는 칭찬이에요. 또 숙제를 안 한다면 부모님께 혼나기도 하지요. 숙제를 안 하고 유튜브를 보는 것에 대한 기회비용이 정말 크게 느껴지지 않나요?

또 기회비용은 사람마다 달라요. 아르바이트로 1시간에 만 원을 버는 사람이 콘서트 티켓을 사기 위해 1시간을 쓴다면 이때 기회비용 은 만 원이에요. 하지만 대기업 사장님이라면 어떨까요? 대기업 사장 님은 1시간 동안에 회사를 위해 많은 일을 할 수 있어요. 그 시간을 돈 으로 바꾼다면 아마 수천만 원이 넘을 거예요. 그래서 사장님이 티켓 을 사느라 1시간을 쓴다면 수천만 원의 기회비용이 발생해요. 이처럼 기회비용은 고정된 것이 아니라 사람마다, 상황에 따라 달라진답니다.

우리는 살면서 무엇인가를 끊임없이 선택해야 해요. 그래서 선택 의 순간마다 항상 기회비용이 무엇인지 생각하는 습관을 기르는 것 이 중요해요. 내가 선택할 수 있는 것 중 기회비용이 가장 작은 것을 선택해야겠지요.

04

다이아몬드는 왜 비쌀까요?

다이아몬드가 비싼 이유는 무엇일까요? 그건 바로 다이아몬드가 아름답기도 하지만, 전 세계에 많지 않은 희귀한 보석이기 때문이에요. 이렇게 다이아몬드처럼 어떤 것을 갖고 싶어 하는 사람들은 많지만, 그 수가 많지 않을 때 우리는 '희소하다'라고 해요. 이를 경제학에서는 '희소성'이라고 표현하지요. 우리가 흔히 말하는 '귀한 것'과 비슷한 의미예요.

사람은 가난하든 부유하든 지금보다 더 많은 것을 가지고 싶어 하는 욕심이 있어요. 이처럼 인간의 욕구는 무한한데 모두의 욕심을 만족시킬 만큼 물건의 양은 충분하지 않아요. 그래서 희소성의 개념이 발생한답니다.

우리가 일상생활에서 사용하는 대부분의 물건은 희소성이 있어요. 값비싼 노트북을 가지고 싶어 하는 사람은 많은데 그 양은 정해져 있지요. 우리가 부모님께 받는 용돈도 마찬가지예요. 내가 원하는 금액만큼 용돈을 충분히 받기 어려워요. 그래서 노트북과 용돈 모두 희소성이 있다고 말해요.

용돈의 희소성 때문에 우리는 용돈을 어디에 쓸지 신중하게 선택해야 해요. 친구들과 과자를 사 먹을지, 책을 살지 아니면 저축할지 말이에요. 이럴 때는 기회비용의 개념을 생각해서 합리적인 선택을 해야 한다고 지난번에 배웠어요.

반면, 공기는 우리에게 꼭 필요하지만 그 양이 부족하지 않기 때문에 희소성이 없다고 말해요. 그래서 공기를 돈 주고 사겠다는 사람은 없어요. 희소성의 개념이 조금 어렵게 느껴지나요? 그렇다면 우리가 돈을 내고 사는 것들은 희소성이 있고, 돈을 내고 사려고 하지 않는 것들은 희소성이 없다고 생각해도 좋아요.

희소성은 고정된 것이 아니라 시대에 따라 변하기도 해요. 예를 들어, 석유는 자동차를 움직이는 데에 필요한 자원이에요. 그런데 500년 전에는 어땠을까요? 그 당시 사람들은 석유를 사용하는 방법을 몰랐어요. 그래서 돈을 내고 석유를 사려는 사람들이 아무도 없었답니다. 지금과 달리 과거의 석유는 희소성이 없었던 것이지요.

하지만 오늘날에는 석유가 많은 분야에서 사용되고 있어요. 자동차뿐만 아니라 휴대폰, 신발, 옷, 화장품 등 석유가 사용되지 않는 물건을 찾기 힘들 만큼 석유는 우리 일상생활에 꼭 필요한 자원이 되었어요. 그래서 과거와는 다르게 오늘날에는 석유가 비싼 값에 팔리고 있어요. 석유가 희소성을 가지기 시작한 것이지요.

사우디아라비아보다 우리나라에서 석유가 더 비싼 이유도 희소성으로 설명할 수 있어요. 사우디아라비아는 전 세계에서 석유를 많이 생산하는 나라 중 하나에요. 하지만 우리나라에서는 석유가 나지 않지요. 그래서 같은 석유라도 사우디아라비아에서는 희소성이 낮고, 우리나라에서는 희소성이 높아요. 이러한 이유로 사우디아라비아보다 우리나라에서 석유가 더 비싸게 판매되는 거랍니다.

또, 희소성은 상황에 따라서 달라지기도 해요. 사막에서는 물을 구하기 매우 어려워요. 사막 한가운데에서는 석유 1병보다 물 1병이 더 비쌀 수도 있어요. 목마른 사람에게 당장 필요한 건 석유가 아니

라 마실 물일 테니까요.

그렇다면 수량이 적다고 무조건 희소성이 있다고 말할 수 있을까요? 꼭 그렇지는 않아요. 낡고 오래된 컴퓨터, 바람 빠진 축구공은 수량이 적더라도 사람들이 가지고 싶어 하지 않아서 희소성이 없어요.

또 기업들은 희소성의 개념을 이용해서 상품을 팔기도 해요. 게임 회사에서 한정판 게임 아이템을 만들어 판매하는 것은 희소성을 이용한 판매 전략이에요. 왜냐하면 아이템 수량은 적은데 그걸 사고 싶어하는 사람이 많다면 그 아이템은 희소성이 커지기 때문이에요.

05

은행이 이자를 주는
진짜 이유

길을 가다 보면 다양한 은행을 볼 수 있어요. 은행에서는 어떤 일을 할까요? 사람들은 은행에 저축할 수도 있고, 돈이 필요하다면 은행에서 빌릴 수도 있어요. 만약 은행이 없다면 사람들은 돈을 안전하게 보관하기 어려울 거예요. 왜냐하면 지갑이나 서랍에 큰돈을 넣어두었다가는 자칫 잃어버리거나 도둑맞을 수도 있기 때문이에요. 이렇듯 우리가 은행을 이용하는 목적 중 하나는 바로 저축이에요. 저축하는 방법으로는 크게 보통예금과 정기적금이 있어요.

보통예금은 언제든지 자유롭게 원하는 만큼 저축하고, 필요할 때마다 돈을 꺼내 쓸 수 있는 방식이에요. 오늘 만 원을 저축해도 당장 내일부터 만 원을 찾아서 쓸 수 있는 거지요. 그 대신 은행으로부터 받는 이자는 정기적금보다 적어요.

반면, 정기적금은 일정한 기간 정해진 날에 약속한 금액을 은행에 저축하는 방식이에요. 예를 들어, 1년 동안 매달 만 원씩 저축하고 1년 뒤에 저축한 돈을 찾겠다고 은행과 약속하는 것이지요. 정기적금의 장점은 1년 뒤에 보통예금보다 더 많은 이자를 받을 수 있는 것이랍니다.

보통예금과 정기적금의 공통점은 저축하면 이자를 준다는 거예요. 그런데 왜 은행은 저축한 사람들에게 이자를 줄까요? 내 돈을 안전하게 보관해 주는 것도 고마운데 오히려 돈을 더 준다니 선뜻 이해되지 않을 수도 있어요.

저축은 '내 돈을 은행에 맡긴다'라고 할 수도 있지만, '내 돈을 은행에 빌려준다'라고 표현할 수도 있어요. 그렇다면 나는 내 돈을 은행에 빌려줬으니 빌려준 대가를 받아야 하는 셈이지요. 이렇게 은행에 돈을 빌려준 대가로 받은 돈이 이자예요.

은행에 저축한 돈을 '원금'이라고 하고, 원금에 대한 이자의 비율을 '이자율'이라고 해요. 예를 들어, 내가 저축한 원금이 10만 원이고 이자율이 3%라고 하면 1년 후에 받을 수 있는 이자는 10만 원×3%로 3000원이에요.

은행은 우리가 저축한 돈을 단순히 보관만 하지 않고 돈이 필요한 사람들에게 빌려주기도 해요. 내가 은행에 돈을 빌려주고 이자를 받는 것처럼 은행도 다른 사람들에게 돈을 빌려주고 이자를 받는 것이지요.

은행에서 돈을 빌려 간 사람을 '대출자'라고 해요. 대출자는 은행의 돈을 빌려 썼으니 돈을 사용한 대가로 은행에 '대출이자'를 내요. 이렇게 은행은 저축한 사람들의 돈을 대출자에게 빌려주고, 대출자에

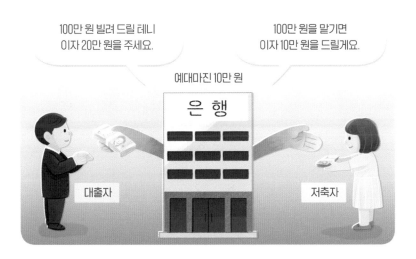

게 받은 이자를 저축한 사람들에게 나눠주는 일을 한답니다.

일반적으로 대출자가 은행에 내는 대출이자는 많고, 저축자가 은행으로부터 받는 이자는 적어요. 예를 들어, 100만 원을 빌려 간 대출자는 20만 원의 이자를 내고, 100만 원을 저축한 사람은 10만 원을 이자로 받는 방식이에요. 그럼 은행에서는 대출자에게 받은 20만 원 중 저축한 사람에게 10만 원을 주기 때문에 10만 원이 남게 돼요. 이렇게 은행에 남는 10만 원을 '예대마진'이라고 해요. 은행은 주로 예대마진으로 돈을 벌어요.

06

무역은 왜 생겨났을까요?

우리는 미국에서 만든 초콜릿을 사 먹고, 베트남에서 만든 축구
공으로 공놀이를 해요. 반면, 미국 사람들은 우리나라에서 만든 자
동차를 타고 다니고, 베트남 사람들도 우리나라에서 만든 휴대폰을
사용하지요.

사람들은 자기 나라에서 만든 물건도 사용하지만, 다른 나라에
서 만든 물건도 많이 사용해요. 왜냐하면 각 나라끼리 서로의 물건
을 사고팔기 때문이에요. 그래서 지금도 수많은 물건이 바다를 건너
오가고 있답니다.

다른 나라에 물건을 파는 수출과 사 오는 수입을 통틀어서 '무역'
이라고 해요. 무역은 아주 오래전에 생겨났어요. 왜냐하면 옛날 사
람들도 무역은 서로에게 이익이 된다는 것을 알고 있었거든요. 무역
을 하면 왜 이익이 생길까요?

먼저, 우리나라에서 나지 않는 물건을 수입해서 사용할 수 있어
요. 석유나 열대과일은 우리나라에서 생산되지 않지만, 수입을 통해

서 얻을 수 있지요. 그래서 우리는 석유를 이용해서 자동차를 타고 다니고 맛있는 바나나도 먹을 수 있어요.

그리고 수출을 통해 기업들은 많은 돈을 벌 수 있어요. 왜냐하면 기업이 만든 물건을 외국 사람들에게까지 팔게 되면 더 많은 양의 물건을 팔 수 있기 때문이에요. 국내에서만 물건을 팔면 판매 대상은 우리나라 국민 5000만 명이에요. 하지만 수출을 하게 되면 세계 인구 80억 명을 대상으로 물건을 팔 수 있어서 훨씬 많은 돈을 벌 수 있어요.

특히, 우리나라는 국가 경제에서 수출이 차지하는 비중이 매우 높아요. 그래서 수출을 늘리기 위해 정부와 기업이 많은 노력을 기울이고 있어요.

각 나라가 스스로 생산할 수 있는데도 불구하고 무역을 하는 경우도 많아요. 왜냐하면 필요한 물건 모두를 만들어서 사용하는 것보다 각 나라에서 잘 만들 수 있는 물건만 만들어서 외국에 팔고 나머지는 수입하는 것이 더 유리하기 때문이에요.

우리나라와 필리핀을 예로 들어볼까요? 우리나라는 과학기술이 발달해서 자동차나 반도체를 잘 생산할 수 있는 강점이 있지만, 기후가 바나나를 생산하는데 적합하지 않다는 약점이 있어요. 만약 우리나라에서 바나나를 생산한다면 비용도 많이 들지만 생산량도 적을 거예요.

반면, 필리핀은 사계절 날씨가 따뜻하고 인구도 많아서 바나나를 생산하는 데 강점이 있지만 과학기술이 크게 발달하지 못했어요. 자동차를 생산하려고 해도 기술을 개발하는 단계부터 엄청난 비용이 들어가서 섣불리 생산하기 쉽지 않아요.

이때 우리나라에서 바나나를 직접 생산하는 것보다, 자동차와 반도체를 필리핀에 수출하고 그 돈으로 바나나를 수입하는 것이 더 유리해요. 이처럼 잘 만드는 물건에 집중해서 전문적으로 생산하는 것을 '특화'라고 한답니다.

우리도 교실 안에서 특화를 하고 있어요. 모둠 활동을 할 때 그림을 잘 그리는 친구는 그림만 그리고 글씨를 잘 쓰는 친구는 글씨만 쓰는 것도 특화라고 할 수 있어요.

읽을거리

고구마도 무역을 통해 들어왔다고요?

사람들은 마트에 가면 고구마를 쉽게 살 수 있어요. 하지만 불과 300년 전만 해도 우리나라에는 고구마가 나지 않았어요. 1700년대 후반, 일본에 통신사로 파견된 조엄이라는 사람이 대마도에서 고구마를 가져와 부산에 심은 것이 우리나라 최초의 고구마였어요. 그 이후 고구마 재배는 전국적으로 확대되었고, 당시 백성들의 굶주림을 어느 정도 해결해 주었답니다.

07

우리나라 돈과 외국 돈, 환율

오늘날 우리는 세계 여러 나라를 여행하고, 외국의 물건을 구매하고 있어요. 이때 꼭 필요한 것이 외국 돈이에요. 우리나라는 원화(₩)를 사용하지만, 미국은 달러($)를 사용하고, 일본은 엔화(¥)를 사용해요.

이처럼 나라마다 사용하는 화폐는 달라요. 우리가 외국을 여행하기 위해서는 우리나라 돈(원화)을 외국 돈으로 교환해야 하는데, 이때 교환되는 비율을 '환율'이라고 해요.

만약 은행에서 1달러를 사는데 우리나라 돈(원화) 1000원이 필요하다면 이때의 환율은 1000원이에요. 그런데 1달러를 사는데 원화 2000원이 필요하다면 환율은 2000원이에요.

이렇게 환율이란 외국 돈을 살 때 우리나라 돈이 얼마나 필요한 지로 표현할 수 있어요. 그래서 환율을 외국 돈의 가격이라고 말하기도 해요. 환율은 외국 돈이 거래되는 외환시장에서 결정되고, 세계 경제시장의 변화에 따라 시시각각 바뀌어요.

우리나라 기업이 외국으로 수출을 많이 해서 달러를 많이 벌거나, 외국인들이 달러를 가져와서 우리나라에 투자를 많이 하게 되면 우리나라 외환시장에는 달러가 많아져요. 그렇게 되면 달러가 흔해져서 가치가 떨어지게 되고 환율이 하락하게 되지요. 쉽게 말해, 물건이 넘쳐나면 물건의 가격이 내려가는 것처럼 달러가 많아지면 달러의 가격이 내려가게 되는 거예요. 반대의 경우에는 환율이 상승하게 되겠지요.

환율이 상승하면 어떻게 될까요? 예전에는 환율이 1000원이었는데 환율이 2000원으로 올랐다고 생각해보아요.

환율이 오르면 우리나라 사람이 미국을 여행할 때 더 많은 원화가 필요해요. 환율이 1000원일 때 1000달러로 바꾸기 위해서 100만 원이 필요하지만, 환율이 2000원이면 그 두 배인 200만 원이

필요하기 때문이지요. 이처럼 똑같이 1000달러로 바꾸더라도 환율이 상승하면 훨씬 많은 원화가 있어야 해요.

그래서 환율이 상승하면 미국에 가는데 돈이 더 많이 들어서 미국 여행을 가는 우리나라 사람들이 줄어들어요. 또 1달러짜리 수입품을 사기 위해서 예전에는 1000원이 필요했지만, 환율이 상승하면 2000원이 필요하게 돼요. 그렇게 되면 우리나라 사람들은 수입품의 가격이 올랐다고 느끼게 되고 수입품을 사는 사람들이 줄어서 수입이 감소해요.

반대로, 미국인은 과거에 1달러로 원화 1000원을 살 수 있었는데 환율이 상승하면 1달러로 2000원을 살 수 있어요. 예전보다 적은 돈으로 우리나라 여행을 할 수 있어서 미국인들이 한국으로 여행을 많이 오게 돼요. 또 우리나라 물건이 미국 물건보다 비교적 저렴해져서 수출이 증가해요. 왜냐하면 예전에는 미국에서 우리나라 물건 1000원어치를 사려면 1달러가 필요했지만, 환율이 상승하면 그보다 적은 돈으로 살 수 있기 때문이에요.

08

신용이 뭐예요?

　'신용을 잃으면 모든 것을 잃는다'라는 이야기를 들어본 적 있을 거예요. 신용은 우리가 살아가는 사회에서 정말 중요한 개념이에요. 신용이란 '상대방을 믿을 수 있는 마음'이라는 의미예요. 우리는 약속을 아주 잘 지키는 사람에게 '신용이 있다'라고 말해요.

　예를 들어, 친구와 놀기로 약속했는데 친구가 항상 늦게 온다거나, 친구에게 물건을 빌려줬는데 제 때 돌려주지 않는다면 그 친구와

는 다시 놀고 싶지 않을 거예요. 왜냐하면 그 친구는 신용이 없기 때문이에요.

경제활동에서도 신용은 정말 중요한 역할을 해요. 그래서 전문적으로 사람들의 신용을 평가하는 신용평가 회사에서는 사람들의 신용에 0~1000점까지 점수를 매겨요. 은행에 돈을 빌리고 제때 갚지 않거나 신용카드 대금을 연체하는 경우에는 낮은 신용점수를 부여하고, 반대의 경우에는 높은 신용점수를 부여해요.

나의 신용점수는 내 얼굴과도 같아요. 신용점수가 높으면 상대방은 나를 믿을 수 있는 사람이라고 생각하지만, 신용점수가 낮으면 상대방은 나를 믿을 수 없는 사람으로 생각할 거예요.

그래서 은행은 돈을 빌려 줄 때 대출자의 신용점수를 꼭 확인해요. 신용점수가 높은 사람에게 돈을 빌려주면 제때 갚을 가능성이 커서 낮은 이자율로 빌려줘요. 하지만 신용점수가 낮은 사람에게는 돈을 빌려주지 않거나 빌려주더라도 높은 이자율로 빌려줘요. 왜냐하면 신용이 없어서 약속한 시점까지 갚지 못할 가능성이 크기 때문이에요.

또 신용점수가 낮으면 취업이 잘 안되기도 하고 신용카드 발급이 되지 않아서 경제생활을 할 때 어려움을 겪을 수도 있어요. 심지어 신용이 아주 좋지 않은 사람은 '채무 불이행자'로 은행에 등록되기도 해요. 채무 불이행자를 쉽게 말하면 '돈을 갚지 않은 사람'이라는 의미에요. 흔히 신용불량자라고 부르지요.

신용이 높은 사람이 되기 위해서는 어릴 때부터 올바른 경제 습관을 기르는 것이 필요해요. 가장 중요한 점은 나의 경제 상황에 맞게 돈을 써야 한다는 거예요. 용돈이 부족한 경우 불필요한 곳에 용돈을 사용하지 않았는지 곰곰이 생각해 보고 과소비하지 않는 습관을 길러야 해요. 그리고 친구에게 물건을 빌렸으면 제때 갚는 습관도 중요하답니다.

09

돈을 많이 만들면 나라가 부유해질까요?

우리나라 돈은 한국은행과 한국조폐공사에서 만들어요. 나라의 경제 상황을 고려해서 적당한 양의 돈을 만들고 있지요.

'나라에서 돈을 많이 만들어서 공항도 많이 짓고 도로도 많이 만들면 좋지 않을까?'라고 생각해 본 적 없나요? 정말 돈을 많이 만들면 좋을까요? 꼭 그렇지는 않아요. 오히려 사람들의 생활이 더 어려워지고 나라 경제가 위험해질 가능성이 크답니다.

실제로 조선시대 후기에 나라에서 돈을 많이 만들어 사용한 적이 있어요. 고종황제의 아버지 흥선대원군은 임진왜란 때 불에 탄 경복궁을 다시 짓기 위해 당백전이라는 화폐를 많이 발행했지요. 그 결과, 2년 만에 쌀값이 6배나 오르는 등 경제가 크게 어려워졌어요.

화폐를 많이 발행하면 경제가 어려워지는 이유는 바로 인플레이션이 발생하기 때문이에요. 돈의 가치가 하락해서 물건 가격이 지속적으로 오르는 현상을 '인플레이션'이라고 해요.

물건과 마찬가지로 돈도 양이 많아지면 그 가치가 떨어지고, 돈의 양이 적어지면 그 가치는 올라가요. 그래서 나라에서 돈을 많이 만들면 돈의 가치가 떨어지게 되는 것이지요.

물건의 가치는 그대로인데 돈의 가치가 떨어지면 어떻게 될까요? 물건을 사기 위해서 이전보다 더 많은 돈이 필요하게 되는 인플레이션이 발생해요. 예를 들어, 과거에는 사과 한 개를 1000원에 살 수 있었다고 생각해 봐요. 그런데 돈의 가치가 떨어지면 사과 한 개를 사기 위해서 1000원보다 더 많은 돈이 들 거예요.

그럼 인플레이션은 왜 경제에 나쁠까요? 먼저 월급을 받는 직장인은 손해를 입어요. 물가가 오른 만큼 월급이 오르지 않으면 직장인들이 살 수 있는 물건이 줄어들기 때문이에요.

또 열심히 은행에 저축한 사람들도 손해를 보게 돼요. 돈의 가치가 떨어져서 저축해 둔 돈이 휴지 조각처럼 쓸모 없어지게 될 수도 있기 때문이에요.

인플레이션은 무역에도 영향을 미쳐요. 국내에서 만든 물건의 가격이 오르면 외국인들은 우리나라 물건이 비싸다고 생각해서 수출이 줄어들어요. 반대로 외국에서 만든 물건은 상대적으로 저렴해져서 수입이 늘어나게 되지요.

물가는 경제가 성장할수록 매년 조금씩 오르고 있어요. 적당한 인플레이션은 경제에 큰 문제가 되지 않지만, 급격하게 오르는 인플레이션은 경제에 아주 심각한 문제를 일으켜요. 그래서 정부에서는 인플레이션을 적당한 수준으로 유지하기 위해 노력하고 있어요.

물가가 수백 배씩 오르는 심각한 상황을 '초인플레이션'이라고 해요. 남아프리카에 있는 나라 짐바브웨에서는 2000년대에 무려 100조 단위 화폐로 겨우 달걀 3개밖에 못 살 만큼 화폐의 가치가 크게 떨어진 최악의 인플레이션이 발생하기도 했어요.

10

보험이 필요한 이유

'서로서로 돕는다'라는 의미의 사자성어 '상부상조'는 보험을 가장 잘 나타내는 말이에요.

사람들은 살면서 교통사고같이 갑작스러운 사고를 당할 수 있어요. 생각지도 못한 큰 병에 걸렸을 때 수술비가 많이 들어 경제적으로 어려움을 겪을 수도 있지요. 또 내가 사는 건물에 불이 나면 재산에 손해가 발생하기도 해요. 그래서 사람들은 미래에 발생할 수

미래에 다칠 수도 있으니 보험에 가입하자.

보험료를 모아서 누군가 다치면 보험금을 줘야지.

보험금 덕분에 치료비를 해결했어.

있는 위험을 어떻게 하면 줄일 수 있을까를 고민했어요. 그 결과로 생겨난 것이 바로 보험이에요.

보험이란 사람들이 미래에 생길 위험에 대비해서 일정한 금액을 함께 모아두었다가 사고를 당한 사람에게 모아둔 돈 일부를 지급해 손해를 보상해 주는 제도를 말해요. 그리고 보험을 전문적으로 취급하는 회사를 보험회사라고 불러요.

일반적으로 보험에 가입하면 매월 일정 금액을 보험회사에 내요. 보험회사는 가입자들이 낸 보험료를 모아두었다가 사고를 당한 사람에게 약속한 보험금을 지급해요. 이처럼 사람들은 보험에 가입함으로써 미래에 발생할 위험에 지혜롭게 대비할 수 있어요. 그래서 나에게 필요한 보험을 찾아서 가입하는 것은 경제생활에서 아주 중요해요.

오늘날 우리 사회에는 수많은 보험이 존재해요. 보험회사뿐만 아니라 정부에서도 국민을 위해 보험을 제공해요. 정부에서 제공하는

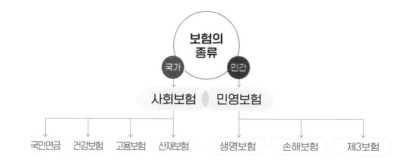

보험을 공적보험이라고 하고, 보험회사에서 제공하는 보험을 민영보험이라고 해요.

국민연금은 보험 가입자가 나이가 들거나 병에 걸려서 더 이상 일할 수 없을 때 안정적인 생활을 유지할 수 있도록 정부에서 매월 돈을 지급하는 제도예요. 건강보험 덕분에 병원비 부담을 덜 수 있고, 근로자가 고용보험에 가입되어 있다면 일자리를 잃더라도 한동안은 정부에서 지급하는 돈으로 생활할 수 있어요. 또 직장에서 일하다가 다친 경우에 산재보험을 통해서 치료비, 간병비 등을 지원받을 수 있어요. 이렇게 정부에서 제공하는 4가지 보험을 일반적으로 '4대 보험'이라고 불러요

이번에는 보험회사에서 제공하는 보험의 종류를 알아볼까요? 생명보험은 사람의 신체에 관한 보험이에요. 사람이 죽거나 병에 걸리는 경우 보험금을 받을 수 있어요. 손해보험은 재산상 손해를 입었을 때를 대비하는 보험으로, 건물에 화재가 발생하거나 자동차 사고가 발생했을 때 보험금을 받을 수 있지요.

읽을거리

우리나라 최초의 보험은?
우리나라 최초의 보험은 1897년에 만들어진 소 보험이에요. 그 당시 사람들에게 가장 중요한 재산은 소였어요. 그래서 소가 갑자기 죽었을 때를 대비해서 보험이 만들어진 것이지요. 소 한 마리당 엽전 한 냥을 내면, 소가 죽었을 때 소의 크기에 따라 100냥, 70냥, 40냥의 보험금을 지급했어요.

경제의 3주체

경제활동을 하는 개인이나 집단을 경제주체라고 해요. 경제주체에는 가계, 기업, 정부가 있어요. 기업에서는 물건을 만들고, 가계에서는 그 물건을 소비하면서 기업에 노동력을 제공해요. 정부에서는 세금을 걷어서 국가 경제가 잘 돌아갈 수 있도록 지원한답니다. 외국까지 포함해서 경제의 4주체라고 하기도 해요.

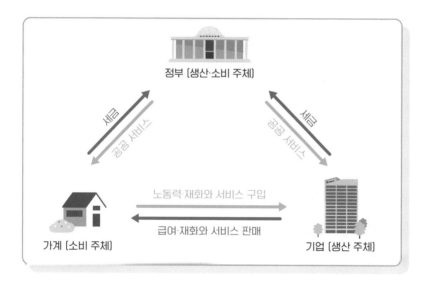

정부 [생산·소비 주체]

세금
공공 서비스

세금
공공 서비스

노동력·재화와 서비스 구입
급여·재화와 서비스 판매

가계 [소비 주체]

기업 [생산 주체]

재화와 서비스

휴대폰, 책, 과자처럼 우리 눈에 보이면서 가치가 있는 재물과 물건을 통틀어 재화라고 해요. 학원 선생님의 강의, 의사 선생님의 진료처럼 눈에 보이지 않지만, 사람들에게 만족을 주는 행위를 서비스라고 해요.

생산과 소비

재화와 서비스를 만드는 것을 생산이라고 하고, 이를 구매하는 것을 소비라고 해요. 그리고 이러한 행위를 하는 경제주체를 생산자와 소비자라고 하지요. 생산은 주로 기업이 담당하고, 소비는 주로 가계가 담당해요.

매몰비용

이미 지출해서 회수할 수 없는 비용을 매몰비용이라 해요. 매몰비용이란 기회비용과는 다르게 의사결정을 할 때 고려하지 않는 비용이에요. 예를 들어, 인형뽑기 기계에 넣은 돈은 매몰비용이에요. 그래서 그동안 넣은 돈이 아까워서 다시 인형 뽑기를 도전하는 것은 올바른 의사결정이 아니에요.

자유무역협정(FTA)

국가 간 무역을 하는 경우, 보통 관세라는 세금이 부과돼요. 자유무역협정은 이러한 관세와 무역장벽을 낮추거나 없애서 나라 사이에 무역을 더 활발하게 하자는 국가 간의 약속이에요.

초등학교 교육과정 연계 내용

[4-2 사회] 시장에서 이루어지는 생산과 소비의 모습

[5-2 실과] 용돈 관리의 필요성과 용돈 관리 방법

[5-2 실과] 환경과 안전을 생각하는 합리적 소비

[4-2 사회] 경제활동에서 발생하는 선택의 문제

2
교시

용돈으로
경제 활동하기

01

내 용돈은 부모님이
힘들게 번 돈이에요

　나라가 성장하고 경제가 잘 돌아가려면 무엇이 필요할까요? 우선, 재화나 서비스를 생산하기 위해서는 회사나 공장을 지을 수 있는 토지가 필요해요. 또 물건을 만들 때 필요한 재료를 사기 위한 자본, 마지막으로 사람들이 제공하는 노동이 필요하지요. 경제에서는 토지, 자본, 노동을 생산활동에 꼭 필요한 요소라고 해서 '생산의 3요소'라고 불러요.

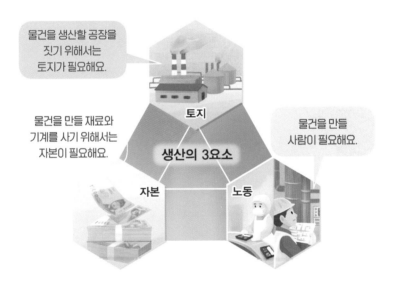

　부모님은 경제시장에 노동을 제공해요. 우리가 학교와 학원에서

공부하고 친구들과 어울릴 동안, 부모님은 직장에서 맡은 일을 열심히 해서 돈을 벌어오신답니다. 부모님이 제공하는 노동은 우리나라 경제가 돌아가게 하는 힘이 되고 우리 가족이 생활하게 하는 밑바탕이 돼요.

가족끼리 식사할 때 먹는 음식, 외출할 때 입는 옷, 친구들과 놀 때 쓰는 컴퓨터와 게임기 모두 부모님이 벌어오신 돈으로 산 것들이지요. 부모님이 우리에게 주시는 용돈도 마찬가지예요.

부모님은 경제시장에 노동을 제공해요.

내가 받는 용돈은 부모님이 제공한 노동의 대가로 받은 돈 중 일부분이에요. 그래서 우리는 용돈을 받을 때마다 항상 감사해하며 아껴 쓰는 태도를 지녀야 하지요.

물론 각자가 받는 용돈은 서로 다를 수 있어요. 어떤 친구는 용돈을 많이 받지만, 어떤 친구는 용돈을 적게 받거나 필요할 때마다 받기도 하지요. 그건 가족마다 가정환경이나 부모님의 가치관이 다르기 때문이에요. 그래서 친구와 비교해서 용돈을 얼마나 더 받느냐를 따지는 것은 의미가 없어요.

　중요한 것은 내가 받은 용돈을 어떻게 관리하고 쓸 것인지 계획을 세우고 실행하는 일이에요. 용돈을 아무리 많이 받아도 계획 없이 써버리면 나중에 남은 게 하나도 없을 수 있어요. 반면, 적은 용돈이지만 필요에 맞게 소비하고 남은 돈을 차곡차곡 모은다면 큰돈이 될 수도 있지요.

　내가 어릴 때는 부모님이 나에게 필요한 것들을 직접 사주신답니다. 하지만 내가 어느 정도 자라고 나면 용돈을 주시면서 필요한 곳에 알아서 쓰라고 하시지요. 부모님께서 왜 우리에게 용돈을 주실까요? 어른뿐만 아니라 어린이들도 학교에 다니며 작은 사회생활을 경험해요. 그러면서 돈이 필요한 경우가 생기기 때문이에요.

　부모님은 우리가 직접 돈을 써보게 함으로써 용돈을 스스로 관리하는 힘을 길러주려고 하시는 거예요. 그래야 나중에 어른이 되고 돈을 벌기 시작하면 어떻게 돈 관리를 해야 하는지 알기 때문이지요.

용돈을 받으면
나도 경제인이에요

여러분은 '경제활동', '경제인'이라는 말을 들으면 어렵고 멀게만 느껴지나요? 경제는 어른들과 관련된 것이라 나와는 상관없다고 생각할지도 모르겠네요. 하지만 그게 아니에요. 어린이들도 경제활동에 활발하게 참여하고 있답니다. 부모님께 용돈을 받으면 나도 어엿한 경제인이에요.

편의점에서 라면을 사 먹어 본 적 있나요? 아니면 시골에 계신 할머니 댁에 가서 사과를 따 본 적은요? 놀랍게도 두 가지 모두 경제활동이에요. 우리는 일상생활 속에서 끊임없이 경제활동을 하며 살아가고 있어요.

그렇다면 경제활동에는 어떤 것들이 있을까요? 경제활동의 범위는 매우 크고 넓지만, 기본적으로 재화와 서비스를 만들거나 사용하고 나누는 행위를 말해요.

재화나 서비스를 새롭게 만드는 것을 '생산'이라고 해요. 자동차 공장에서 트럭을 만들거나, 병원에서 의사가 환자에게 진료하며 의료 서비스를 제공하는 것이 생산에 포함돼요. 또 이미 생산된 부품을 조립해서 새로운 완성품을 만드는 것도 생산에 해당하지요.

생산된 재화나 서비스를 돈 주고 사용하는 것을 '소비'라고 해요. 가족들과 주말에 짜장면을 사 먹거나, 좋아하는 가수의 콘서트 티켓을 사서 공연을 보러 가는 것이 소비에 해당해요. 내가 어떤 물건이나 서비스에 대한 대가를 냈다면 모두 소비라고 할 수 있어요. 아마도 우리는 경제활동 중에 소비를 가장 많이 하고 있을 거예요.

재화나 서비스의 생산에 참여하고 그에 대한 대가를 받는 것을 '분배'라고 해요. 부모님은 회사에 노동력을 제공하고 그 대가로 월급을 분배받아요.

또 우리가 은행에 저축한 대가로 이자를 받는 것도 분배에 포함돼요.

이처럼 생산, 소비, 분배를 통틀어 우리는 경제활동이라고 해요. 이 세 가지 중 하나라도 제대로 이루어지지 않는다면 경제활동은 마비되고 말 거예요. 경제활동에서는 특히 소비가 중요해요. 사람들이 소비를 많이 해야 생산도 늘어나고, 생산에 참여한 대가로 분배도 많이 받을 수 있기 때문이에요. 그러면 경제의 규모가 점점 커져서 국가경제가 성장할 수 있어요.

우리는 경제활동 중에서도 특히 중요한 소비활동을 담당하고 있어요. 부모님께 받은 용돈으로 문구점에서 학용품을 사기도 하고,

친구들과 분식집에서 떡볶이를 사 먹기도 해요. 이렇게 보니 내가 경제활동에서 얼마나 큰 역할을 맡고 있는지 알겠지요?

읽을거리

어린이도 일을 해서 돈을 벌 수 있을까?

6월 12일은 국제노동기구인 ILO(International Labour Organization)가 지정한 세계 아동노동 반대의 날이에요. 전 세계 많은 나라에서는 학교에 다니면서 교육받을 시기의 어린이들이 노동하는 것을 금지하고 있어요. 우리나라에서는 만 15세 이상이면서 부모님의 동의를 받아야 아르바이트를 할 수 있도록 정해져 있어요.

03
용돈 기입장을
꼭 써야 하는 이유

혹시 용돈을 받아서 쓰다가 다음번 용돈을 받기 전에 다 써버려서 쓸 돈이 부족했던 경험이 있나요? 왜 이런 일이 생기는 걸까요? 그건 바로 사용계획을 세우지 않고 용돈을 마구 써버렸기 때문이에요. 우리가 사용할 수 있는 용돈은 정해져 있어서 내가 사고 싶은 것을 모두 살 수는 없어요. 그래서 우리는 용돈 사용계획을 세워서 지혜롭게 소비활동을 해야 하지요.

그렇다면 우리는 용돈 사용계획을 어떻게 세워야 할까요? 용돈을 관리하는 가장 좋은 방법은 바로 용돈 기입장을 쓰는 것이에요. 용돈 기입장이란 용돈을 언제, 어디에, 얼마만큼 썼는지 날짜에 따라 기록할 수 있도록 만든 것이랍니다.

용돈 기입장을 써서 좋은 점은 여러 가지가 있어요. 우선 내가 얼마만큼 용돈을 받고 썼는지 한눈에 알 수 있어요. 또 나의 소비활동을 정확하게 파악할 수 있어서 꼭 필요한 곳에 썼는지, 쓸데없는 곳에 돈을 낭비하지 않았는지 구분할 수도 있답니다. 이렇게 하다 보면 불필요한 소비활동을 줄이게 돼서 용돈이 남게 되고, 남은 돈을 저축하면 나중에 큰돈이 될 수 있어요.

용돈 기입장을 쓰기로 마음 먹었다면 이제는 직접 용돈 기입장을 써보기로 해요. 우선 내가 받게 될 용돈과 쓸 돈을 예상해요. 부모님께서 주시는 용돈은 '수입'으로, 꼭 사용해야 하는 돈은 '지출'로 정해두고 사용계획을 세우는 거예요.

사용계획을 세울 때는 지금까지 배운 경제 개념 중 '한정된 자원'과 '기회비용'을 생각해서 신중하게 짜야 해요. 용돈은 무한정 사용할 수 없어서 한정된 자원에 해당해요. 또 아이스크림, 책, 축구공, 연필 등 내가 사고 싶은 물건은 기회비용을 생각해서 우선순위를 정해야 하지요.

책이나 연필 같은 경우에는 학교와 학원에 다니는 데 꼭 필요한 물건이지만 아이스크림은 그렇지 않아요. 사 먹지 못하면 아쉬울 순 있겠지만 지금 꼭 필요하지는 않기 때문이지요. 이런 상황에서는 아이스크림보다 책과 연필을 우선순위에 두어야겠지요.

그리고 용돈의 일부분은 남겨서 저축하는 습관을 길러야 해요. 왜냐하면 갑자기 친구들과 약속이 생겨 생각지도 못한 돈을 써야 하는 상황이 생길 수 있기 때문이에요. 또 갖고 싶은 물건이 생각보다 비싼 경우에는 돈을 모아야 살 수 있어요.

이처럼 계획을 세워서 용돈을 사용하다 보면 내가 어디에 소비를 많이 하는지 알 수 있고, 필요하지 않은 물건을 사지는 않았는지 점

검할 수 있어요. 또 이러한 경험들이 모이면 다음번 용돈을 받았을 때 좀 더 꼼꼼하게 계획을 세울 수 있어요.

읽을거리

기업도 용돈 기입장을 써요

기업도 사람과 마찬가지로 1년 동안 돈을 얼마만큼 쓰고 얼마나 벌었는지, 재산과 빚은 얼마나 있는지를 기록해요. 기업이 1년 동안 벌어들인 돈과 사용한 돈을 기록한 보고서를 손익계산서라고 해요. 그리고 기업이 보유한 건물, 토지와 같은 재산과 은행으로부터 빌린 돈이 얼마나 있는지 나타내는 보고서를 재무상태표라고 부른답니다.

04

정말 필요한 거 맞아?
한 번 더 고민하기

친구들이 가지고 있는 예쁜 가방을 보거나 요즘 유행하는 최신 휴대폰을 광고하는 영상이 나오면 나도 사고 싶다는 마음이 들게 돼요. 또 친구들 사이에서 유행하는 옷이나 신발을 따라서 사기도 하지요.

경제학에서는 이렇게 유행에 따라 상품을 구매하는 것을 '밴드 왜건 효과'라고 해요. 밴드 왜건은 서커스나 퍼레이드의 맨 앞에서

악기를 연주하는 마차에요. 마차는 요란한 연주를 하면서 사람들을 끌어모으지요. 그러면 사람들이 하나둘씩 모여들기 시작하고, 별생각 없던 사람들도 덩달아 졸졸 따라가게 된답니다.

사람들이 밴드 왜건을 따라가는 모습이 마치 유행을 따라 물건을 사는 사람들의 모습과 비슷하지 않나요? 비슷한 의미의 "친구 따라 강남 간다"라는 속담을 생각하면 이해하기 쉬워요. 친구가 하니까 나도 별생각 없이 따라 한다는 의미지요.

밴드 왜건을 따라가는 사람들처럼 유행에 따라 물건을 사는 것은 바람직하지 않아요. 이미 연필이 10자루나 있지만 친구가 새로 나온 연필을 사니까 따라서 사는 것은 불필요한 소비예요. 친구들에게 자랑하고 싶은 마음에 요즘 유행하는 물건을 사는 것도 마찬가지랍니다.

이처럼 물건을 살 때는 유행에 따르는 것이 아니라 나에게 꼭 필요한 물건인지 고민해 보는 습관이 필요해요. 그렇다면 또 어떤 방법으로 나에게 필요한 물건인지 알 수 있을까요?

우선 같은 기능이 있는 물건을 이미 가지고 있지는 않은지 생각해 보는 것도 좋은 방법이에요. 예를 들어, 이미 가방을 2개나 가지고 있다면 새로운 가방이 필요하지는 않을 거예요. 가방이 오래돼서 낡거나 지퍼가 고장 나서 더 이상 쓸 수 없는 경우가 아니라면요. 단순히 새로 나온 가방이 예뻐서 사는 것은 좋은 소비 습관이 아니랍니다.

또 원래 사려고 계획했던 물건인지 확인해야 해요. 계획에 없었는데 물건을 구경하거나 광고를 보고 갑자기 사고 싶어져서 구매하는 것을 '충동구매'라고 해요. 예를 들어, 편의점에 우유를 사러 갔다가 아이스크림 할인 행사를 보고 아이스크림을 사는 것은 충동구매라고 할 수 있어요. 충동구매로 인한 불필요한 소비는 돈을 낭비하게 만들어요.

기업에서는 소비자들이 자신들의 물건을 많이 사게 하려고 다양한 마케팅 전략을 사용하고 있어요. 홈쇼핑에서 시간을 정해서 할인한다거나, 유명한 배우가 찍은 광고를 내보내는 것 모두 소비자들의 충동구매를 유도하는 것이지요.

이처럼, 물건을 사기 전 나에게 정말 필요한 물건인지 한 번 더 고민해 보는 습관은 내가 불필요한 소비를 줄일 수 있도록 도와준답니다.

05
용돈 중에서
얼마를 저축해야 할까?

용돈 중 일부분을 저축하려고 할 때, 얼마만큼 저축해야 할까요? 정확하게 얼마를 저축해야 한다고 말하기는 어려워요. 왜냐하면 각자 받는 용돈은 제각각 다르기 때문이에요. 또 저축을 지나치게 많이 하면 내가 당장 쓸 수 있는 돈이 줄어들어요. 반대로 저축을 조금만 하면 돈을 모으기 어렵지요.

하지만 용돈 기입장을 분석하면 내가 얼마만큼 저축해야 하는지 파악할 수 있어요. 먼저 내가 받은 용돈에서 쓴 돈을 뺐을 때 보통 얼마 정도 남는지 계산하는 거예요. 그다음 내가 불필요하게 사용한 용돈은 얼마인지 확인해요.

내가 저축할 금액으로 가장 적당한 양은 소비하고 남은 용돈과 불필요하게 지출한 용돈을 합친 금액이에요. 쉽게 말해서 나에게 꼭 필요한 물건만 사고, 남은 돈은 모두 저축하라는 의미예요.

처음에는 내가 계획한 대로 저축하는 게 어려울 수도 있어요. 하지만 몇 번 해보다 보면 얼마만큼 저축해야 하는지, 또 내가 얼마만큼 아낄 수 있는지 파악할 수 있답니다.

그렇다면 저축은 어디에다 해야 할까요? 저금통을 만들어 동전과 지폐를 차곡차곡 모으거나 은행에서 통장을 만들어 돈을 맡길 수도 있어요. 동전처럼 적은 금액일 때는 저금통에 모아서 보관하다가, 돈이 모여서 쌓이거나 큰 금액이 생겼을 때는 은행에 맡겨두는 것이 좋아요. 은행에 돈을 맡기면 잃어버릴 염려도 없고 나중에 이자를 받을 수 있어 유리한 점도 있지요.

그런데 저축하다 보니 욕심이 나서 돈을 더 벌고 싶다고요? 저축해서 돈이 어느 정도 모이면 그 돈으로 투자할 수도 있어요. 투자란 더 큰 이득을 얻기 위해서 나의 시간과 돈을 쓰는 것을 말해요. 아까 얘기했던 대로 은행에 저축하는 것도 투자 방법의 하나에요. 은행에 돈을 맡기면 이자를 받기 때문이에요. 이 방법이 가장 안전하면서도 손쉬운 투자 방법이지요.

저축 이외에도 다양한 투자 방법이 있어요. 어른들은 주식이나 채권, 펀드 같은 다양한 투자 상품을 통해 돈을 벌기도 해요. 이러한 상품들은 큰돈을 벌 가능성도 있지만, 오히려 돈을 잃을 가능성도 있어요. 그래서 저축 이외에 다른 방법으로 투자할 때는 신중하게 알아보고 선택해야 해요.

예전에는 '저축은 미덕이다'라는 말이 있었어요. 저축은 많이 하면 할수록 좋다는 뜻이에요. 그렇지만 저축을 무작정 많이 한다고 좋은 것은 아니에요. 내가 책을 사서 공부하면 당장은 남은 용돈이 줄어들겠지만, 나의 꿈을 위한 멋진 투자가 될 수 있어요. 이때는 돈을 안 쓰고 아끼는 것보다 소비하는 것이 더 가치가 있겠지요. 기업도 더 큰 발전을 위해 기술 개발에 투자하듯이, 우리도 미래를 위해 건강한 투자를 해야 한답니다.

우리나라 사람들은 저축을 얼마나 할까?

한국은행에서는 매년 개인순저축률을 발표해요. 우리나라의 개인순저축
률은 2020년 12.4%, 2021년 10.6%, 2022년 9.1%를 기록하고 있어요.
2022년에 저축률이 9.1%라는 건 사람들이 100만 원을 벌었다고 가정했
을 때, 쓰고 남은 돈이 9만 1000원이라는 의미랍니다.

06

물건을 사기 전에
꼼꼼히 비교해 봐요

"같은 값이면 다홍치마"라는 속담을 들어본 적이 있나요? 이 말은 가격이 똑같으면 보기도 좋고 더 나은 것을 산다는 뜻이에요. 요즘 자주 사용하는 말로 '가성비가 좋다'와 비슷하다고 볼 수 있지요.

물건을 살 때 무조건 가격만 따지는 것은 좋진 않아요. 왜냐하면 가격이 저렴하면 품질이 안 좋은 경우가 많기 때문이에요. 물론 비싸다고 무조건 품질이 훌륭하지는 않지만요.

때로는 마트에서 가격이 싸다고 덜컥 샀다가 품질이 안 좋아서 후회하는 경우가 생기기도 해요. 우리 조상님들은 이를 두고 '싼 게 비지떡'이라고 말했지요. 값싸게 산 물건은 품질이 별로 좋지 않다는 의미예요. 그래서 우리는 물건을 살 때, 가격과 품질을 모두 고려해야 해요.

마트나 온라인 쇼핑몰에서는 수많은 물건이 판매되고 있어요. 가방을 예로 들어볼까요? 마트에 가면 수십 가지 종류의 가방이 놓여 있고, 온라인 쇼핑몰에서는 이보다 훨씬 더 많은 가방이 올라와 있어요. 이렇게 많은 가방 중에서 어떤 가방을 선택해야 할까요?

우선 나에게 필요한 기능과 용도가 무엇인지 생각해 봐요. 앞주머니가 하나 필요한지 두 개 필요한지, 가방이 커야 하는지 작아야 하는지 등을 고민해 보는 거예요. 또 학교에 메고 갈 건지 친구들과 놀러 갈 때 쓸 건지 가방의 용도를 생각해 봐요. 그러면 고를 수 있는 가방의 범위가 훨씬 줄어들어 선택하기 쉬워질 거예요.

다음으로 비슷한 기능을 가진 가방끼리 가격을 비교해요. 그저 유명한 브랜드라고 해서 비싸거나, 인기 있는 캐릭터가 그려져 있다고 비싼 게 아닌지 꼼꼼히 따져봐야 하지요. 가격이 좀 더 비싸다면 왜 비싼 건지 확인하고, 돈을 그만큼 더 내고 살 가치가 있는지 고민해야 해요.

　이미 같은 가방을 사용하고 있는 친구가 있다면 친구에게 가방의 장단점을 물어보는 것도 좋은 방법이에요. 가방을 멨을 때 불편하지는 않은지, 고장이 잘 나지는 않는지 물어보면 가방을 선택하는 데 큰 도움이 될 거예요.

　만약 가방을 온라인 쇼핑몰에서 산다면 다른 사람들의 구매 후기를 읽어보는 것도 괜찮아요. 남들의 의견이나 생각이 무조건 다 맞는 것은 아니에요. 하지만 나보다 그 가방을 먼저 산 사람들의 경험도 중요하기 때문에 고려해 볼 만한 가치가 있거든요.

07

할머니께서 주신 돈은 어디에 쓰지?

명절에 할머니 댁을 방문하거나, 할머니께서 우리 집에 오시면 용돈을 주실 때가 있어요. 또 오랜만에 만난 친척 어른들께서도 가끔 용돈을 주시기도 하지요. 하지만 용돈을 받은 기쁨도 잠시, 이 돈을 금방 다 써버려서 부모님께 혼난 적은 없었나요? 아니면 계획 없이 써버려서 정말 필요한 물건을 사지 못해 후회한 적은요? 부모님께 주기적으로 받는 용돈 말고 이렇게 생각지도 못한 용돈이 생겼을 때 우리는 어떻게 해야 할까요?

우리 손자, 이걸로 필요한 거 있으면 사.

감사합니다. 할머니.

생각지도 못한 용돈을 받았으니 일단 저축해야지.

정답은 '일단 저축한다'에요. 할머니께서 주신 용돈은 내가 예상하지 못했던 뜻밖의 수입이에요. 그뿐만 아니라 금액이 크기도 하지요. 나의 용돈계획에 없었던 돈이기 때문에 일단 저축부터 하고 계획을 세워서 꼭 필요할 때 사용해야 해요.

지금 당장 사고 싶은 물건을 사면 잠깐은 기분이 좋겠지요. 하지만 할머니께 받은 용돈으로 충동구매를 하면 나중에 후회할 가능성이 커요. 그래서 정말 필요한 물건을 살 때를 대비해서 우선은 저축하고 본다는 마음가짐이 좋아요.

중요한 건 할머니나 친척 어른들께서 주신 용돈과 내가 따로 저축한 용돈을 차곡차곡 모으는 거예요. 이 돈으로 평소 갖고 싶었던

값비싼 게임팩을 사면 정말 기분이 좋을 거예요. 또 내가 모은 돈으로 갖고 싶었던 것을 스스로 샀다는 생각에 뿌듯함도 들 것이고요.

세뱃돈 풍습, 다른 나라에도 있을까?

우리는 설날에 할머니 댁에 가서 어른들께 세배하고 용돈을 받아요. 이처럼 새해의 첫날을 기념하고 복을 기원하는 세뱃돈 풍습이 다른 나라에도 있을까요? 중국에는 우리나라의 설날처럼 춘절이라는 큰 명절이 있어요. 중국인들은 가족들끼리 모여 춘절을 함께 보내는데 이때 웃어른이 아이들에게 붉은 봉투에 돈을 넣어 주는 풍습이 있어요. 이를 붉은 봉투라는 의미로 '훙빠오'라고 한답니다.

몽골노 설날인 **차강사르**가 되면 가족들이 모여 웃어른께 세비해요. 히지만 우리나라나 중국과는 달리, 아랫사람이 웃어른께 세뱃돈을 드려요. 그러면 웃어른은 답례로 장난감이나 학용품 등의 선물을 주신답니다.

08

꼭 새 제품을 사야 할까?
공유경제 알아보기

예전에는 물건 하나를 사면 고장 나거나 필요 없어질 때까지 계속 사용했어요. 하지만 요즘은 좀 달라요. 나에게 필요한 물건을 새로 살 수도 있지만, 다른 사람들과 물건을 공유하면서 좀 더 효율적인 방법으로 물건을 소비하고 있어요.

내가 어릴 때 입던 옷이나 읽었던 책을 사촌 동생에게 물려주거나 이웃에 사는 동생에게 주는 것도 물건을 공유하는 방법의 하나예요. 또 부모님께서는 일상생활에 필요한 물건을 중고로 사거나 우리 집에 필요 없는 책상이나 의자, 가전제품을 저렴하게 판매하는 방법으로 물건을 공유하기도 하지요.

요즘에는 중고 물품을 거래하는 플랫폼을 이용하는 사람들이 늘고 있어요. 온갖 물건이 넘쳐나는 요즘 같은 세상에는 나에게 필요하지 않은 물건이 생기기도 하고, 몇 번 사용했지만 그냥 버리기에 아까울 때가 있거든요. 심지어 새 제품을 저렴하게 판매하는 사람들도 있어서 잘만 고른다면 효율적으로 물건을 살 수 있어요.

　이처럼 중고 물품을 거래하면 판매자와 구매자 모두 이익을 얻을 수 있어요. 판매자는 필요 없는 물건을 처분하면서 돈을 벌 수 있어서 좋고, 구매자는 필요했던 물건을 저렴하게 구매해서 좋기 때문이에요.

　예를 들어, 축구공을 마트에서 산다면 3만 원에 사야 하지만 중고 플랫폼을 활용하면 같은 물건을 2만 원에 살 수 있어요. 축구공을 구매함으로써 느끼는 기쁨은 같지만, 훨씬 더 적은 비용이 들어 나에게 이득이에요.

　또 잠깐 사용할 물건은 군이 큰돈을 들여 꼭 새걸로 살 필요가 없어요. 만화책 같은 경우에는 몇 번 읽으면 다시 잘 안 읽게 되지요. 그래서 깨끗하게 읽고 난 뒤 중고 플랫폼에서 판매하는 것도 좋은 방법이에요.

요즘에는 생활용품을 거래하는 것을 넘어서, 사람들끼리 자동차를 공유하기도 하고 심지어 집까지 함께 사용하기도 해요. 정말 놀랍지 않나요? 이렇게 이미 생산된 제품을 여러 사람이 함께 공유해서 사용하는 경제 형태를 '공유경제'라고 부른답니다.

하지만 주의해야 할 점도 있어요. 많은 중고 플랫폼에서는 14세 미만 어린이들의 사용을 제한하고 있어요. 왜냐하면 중고 거래는 보통 만나서 이루어지기에 유괴와 같은 범죄의 가능성이 생길 수 있기 때문이에요. 또 어려서 잘 모른다는 이유로 사기를 당할 수도 있어요. 그래서 어린이들이 중고 거래를 할 때는 반드시 부모님과 상의해서 함께 진행해야 해요.

09

저축의 중요성, 복리의 마법

우리가 평소에 왜 저축해야 하는지 얘기했던 것 기억나나요? 그 이유는 돈을 차곡차곡 모아서 평소에 필요했던 물건을 살 수도 있고, 예상치 못하게 돈을 써야 할 때를 대비할 수 있기 때문이었어요.

하지만 그렇게 하기 쉽지 않아요. 사람들은 대부분 돈을 자유롭게 쓰면서 마음껏 소비하길 원하지요. 이렇게 당장 돈을 쓰고 싶은 욕구를 참고 저축하는 일은 누구에게나 어렵답니다.

저축은 내가 오늘 돈을 쓰고 싶은 마음을 포기하고 미래를 위해 돈을 은행에 맡기는 거예요. 은행에 예금을 하면 이자가 붙기 때문에 미래에는 더 많은 돈을 쓸 수 있게 되지요. 그래서 흔히 '목돈'을 만들기 위해서 저축한다고 하기도 해요.

은행에서 이자를 주는 방법에는 단리와 복리가 있어요. 단리는 단순히 원금에만 이자가 붙어요. 예를 들어, 은행에 정기예금으로 100만 원을 5%의 이자율로 맡기면 1년 후에 이자 5만 원(100만 원

×5%)을 받고, 2년 후에도 똑같이 이자 5만 원을 받아요.

단리로는 매년 5만 원씩 이자를 받기 때문에 20년이 지나면 원금 100만 원(5만 원×20년)만큼의 이자가 생겨요. 즉 100만 원을 5%의 이자율로 저축한다면 20년 후에 원금의 2배인 200만 원이 되지요.

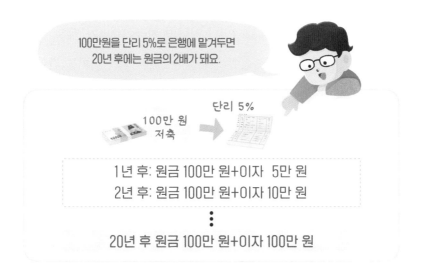

반면, 복리는 이자가 붙는 방식이 단리와 달라요. 복리는 원금에도 이자가 붙고 이자에도 이자가 또 붙는답니다. 이자를 중복해서 준다는 의미에서 '복리'라고 해요. 정기예금을 복리로 들어두면 단리로 맡겨놓을 때보다 돈이 훨씬 빠르게 늘어나요.

예를 들어, 은행에 정기예금으로 100만 원을 복리 5%로 맡긴다고 생각해 보아요. 그럼 1년 후에는 이자 5만 원을 받지만, 2년 후에는 이자에도 이자가 붙기 때문에 5만 2500원의 이자를 받아요. 왜냐하면 2년 후에는 원금 100만 원에 대한 이자 5만 원(100만 원×5%)과 이자 5만 원에 대한 이자 2500원(5만 원×5%)을 받아서 5만 2500원이 되기 때문이에요.

단리에서는 20년이 지나야 원금이 2배가 되지만, 복리에서는 이자가 더 빠르게 늘어나서 14.4년만 지나면 원금이 2배가 돼요. 계산이 조금 복잡하다고요? 복리에서 원금이 2배가 되는 시기를 간단히 구하는 방법이 있어요. 바로 72를 이자율로 나누는 거예요. 72를 이자율 5로 나누면 14.4가 나오는데 14.4년 후에 원금이 2배가 된다는 의미에요. 이것을 '72의 법칙'이라고 하지요.

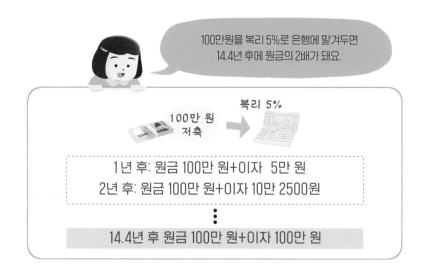

100만원을 복리 5%로 은행에 맡겨두면 14.4년 후에 원금의 2배가 돼요.

복리 5%

100만 원 저축

1년 후: 원금 100만 원＋이자 5만 원
2년 후: 원금 100만 원＋이자 10만 2500원

14.4년 후 원금 100만 원＋이자 100만 원

우리는 복리를 눈덩이에 비유하기도 해요. 언덕에서 작은 눈덩이를 굴린다고 생각해 보세요. 한참을 굴리다가 언덕이 끝날 때쯤이면 아주 큰 눈덩이가 돼요. 이렇게 복리로 저축하면 이자가 붙고 그 이자에 또 다른 이자가 붙기 때문에 돈이 빠르고 크게 불어난답니다. 이를 '복리의 마법'이라고 하지요.

복리의 마법에서는 무엇보다 저축하는 기간이 중요해요. 오랫동안 저축할수록 더 큰 복리의 장점을 누릴 수 있거든요.

나의 부자 점수는 몇 점일까?

어떤 사람이 미래에 부자가 될 가능성을 나타낸 지수를 부자 지수라고 해요. 부자 지수는 '(순자산액×10)÷(나이×연간 총소득)×100'으로 계산해요. 예를 들어, 내가 저축한 돈이 100만 원에 나이가 12살이고 1년 용돈이 50만 원이라고 하면 (100만 원×10)÷(12살×50만 원)×100=167이에요. 부자 지수가 100이 넘어가면 앞으로 부자가 될 가능성이 크다고 해요.

10

용돈 인상 프로젝트, 부모님과 협상하기

요즘 사고 싶은 것도 많고 친구들과 노는 시간도 늘어나서 용돈이 부족하다고요? 그렇다면 부모님과 협상해서 용돈을 조금 더 올려보는 건 어떨까요?

협상이란 서로 다른 생각을 하는 사람들끼리 모였을 때 의견을 조정하는 좋은 방법 중 하나예요. 물론 막무가내로 협상하면 통하지 않겠지요. 내가 양보할 수 있는 것과 요구하고 싶은 것을 정확히 파악해서 상대방과 내가 모두 만족할 수 있는 결과를 내는 것이 중요해요.

우리 조상님들은 옛날부터 이러한 협상의 의미와 중요성을 잘 알고 있었어요. 고려 시대에 북방에 살던 거란족이 고려를 침략해 온적이 있었어요. 이때 서희라는 신하가 거란족과 협상을 해보겠다고 용감하게 나섰지요.

거란 장수와 대화하게 된 서희는 거란족의 심정을 헤아리면서도 고려의 입장을 분명하게 전달했어요. 결과는 어떻게 되었을까요? 거란 장수와 협상하는 데 성공하고 거란족은 결국 물러가게 되었답니다.

여진족만 몰아내면 거란과 친하게 지낼 수 있소.

좋소! 그러면 우리가 땅(강동 6주)도 주고 군대도 돌려보내겠소.

　피 한 방울 흘리지 않은 채 거란족을 물리치고 심지어 거란의 땅까지 얻을 수 있었던 것은 서희에게 협상전략이 있었기 때문이에요. 마찬가지로 우리가 용돈을 협상할 때도 부모님을 어떻게 설득할 것인지 준비해야 해요.

　먼저 그동안 기록했던 용돈 기입장에서 내가 사용한 돈이 얼마만큼인지 파악해요. 불필요한 곳에 사용한 돈이 있는지 확인하고, 이를 줄일 수 있는지 점검해요. 그래도 돈이 모자란다면 파악한 내용을 바탕으로 부모님과 이야기를 나누어 보는 거예요.

　즉 부모님과 협상을 시작하는 것이지요. 이때 중요한 것은 무작정 용돈을 올려달라고 하는 것보다는 구체적이고 현실적인 금액을 제시하는 것이 효과적이에요. 부모님께서 납득할 수 있을 만한 금액으로요. 만약 용돈을 정말 필요한 곳에만 사용했는데도 부족하다면 부모님께서 실제로 용돈을 올려주실 가능성이 커져요.

또 협상할 때는 양보도 필요해요. 부모님이 용돈을 올려주시는 대신, 내가 게임하는 시간을 줄이거나 부모님을 도와 집안일을 더 하겠다는 제안을 하면 협상이 성공할 가능성이 더 커져요. 예를 들어, 거실 청소하기, 동생과 1시간 놀아주기, 쓰레기 버리고 오기 등 집안일을 돕는 것으로 용돈을 올려보는 거예요.

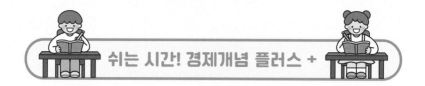

예금자보호제도

예금자보호제도는 은행과 같은 금융기관이 파산 등으로 고객의 예금을 돌려주지 못하는 경우, 예금보험공사에서 은행 대신 예금을 지급하는 제도에요. 하지만 예금자보호제도에서 보장해 주는 금액은 1인당 최대 5000만 원으로 한도가 정해져 있어요.

변동금리와 고정금리

이자율을 다른 말로 금리라고 해요. 변동금리는 이자율이 바뀌고 고정금리는 이자율이 바뀌지 않아요. 이자율이 올라갈 것으로 예상되면 변동금리로 저축하는 것이 유리하고, 내려갈 것으로 예상되면 고정금리로 저축하는 것이 유리해요.

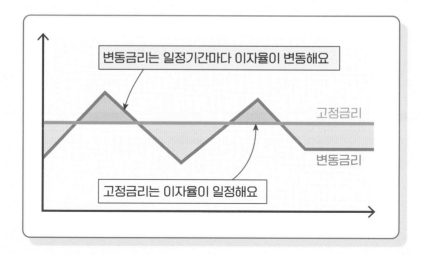

기축통화

국가 간 금융거래나 수입 또는 수출 시 대금 결제에 중심이 되는 통화를 말해요. 오늘날에는 미국 달러가 기축통화의 역할을 하고 있어요. 일반적으로 금융시장이 발달하고 경제력이 큰 나라의 돈이 기축통화가 된답니다.

주주와 주식

주식회사는 회사를 설립하거나 사업을 확장할 때 필요한 자금을 사람들로부터 투자를 받아요. 이때 투자한 사람들을 주주라 하고, 본인이 주주임을 확인해 주는 증서를 주식이라고 해요. 해당 주식을 보유한 주주가 주식을 팔면서 주식거래가 이루어져요.

경제협력개발기구(OECD)

회원국 간 협력을 통해 세계 경제를 발전시키고 인류 복지 증진을 위해 설립된 국가 간 협력 기구에요. 미국, 독일, 프랑스 등 38개국이 가입되어 있고 우리나라는 1996년 29번째 회원국으로 가입했답니다.

초등학교 교육과정 연계 내용

[6-1 사회] 가계와 기업의 역할

[6-1 사회] 가계와 기업의 합리적 선택

[6-1 사회] 바람직한 경제활동의 모습

3
교시

경제를 움직이는
여러 가지 원리

01

경제시장의 '보이지 않는 손'

음식점에 가면 맛있는 음식을 팔고 있고, 편의점에 가면 아이스크림과 과자를 팔고 있어요. 또 빵집에서는 달콤한 빵을 만들고 있고, 문구점에서는 공부할 때 필요한 연필, 공책, 지우개를 팔고 있어요. 그래서 우리는 필요한 것이 있으면 언제든지 구매해서 사용할 수 있지요.

이처럼 경제시장에서 생산자들은 소비자들이 필요한 물건들을 생산해서 팔고 있어요. 아무도 빵집 주인에게 빵을 만들라고 시키거

나, 문구점 주인에게 연필을 팔라고 시키지 않았어요. 누가 어떤 물건을 만들고 소비할지 정해주지 않았는데도 자연스럽게 생산과 소비가 이루어지고 있는 것이지요.

경제학의 아버지라 불리는 애덤 스미스는 어떻게 이런 현상이 발생하는지 고민했어요. 그리고 그는 자신이 쓴 책《국부론》에서 "우리가 저녁 식사를 할 수 있는 건 빵집 주인의 친절한 마음씨 때문이 아니라 그들이 자신의 이익을 위해 일을 하기 때문이다"라고 말했지요. 이 말은 사람들이 자신의 이익을 위해서 일하지만 의도하지 않게 모두의 이익이 함께 커진다는 의미예요.

쉽게 말하면, 빵집 주인은 배고프거나 맛있는 빵을 먹고 싶어 하는 사람들을 위해서 빵을 만드는 것이 아니에요. 단지 빵을 팔아서 돈을 벌려고 했을 뿐이지요. 그 결과, 사회에는 맛있는 빵을 먹을 수 있는 행복이라는 모두의 이익도 함께 생겨난 거예요.

그리고 애덤 스미스는 사람들이 어떤 물건을 얼마나 사고 팔 것인지 자유롭게 선택하도록 내버려두어야 한다고 주장했어요. 그러면 시장에서는 경쟁과 가격을 통해 자연스럽게 자원이 필요한 곳으로 흘러간다고 보았지요.

생산자들은 비싼 가격에 물건을 팔고 싶어 하고, 소비자들은 저렴한 가격에 물건을 사고 싶어 해요. 물건이 비싸면 소비자들이 사지 않아서 가격이 내려가요. 물건이 필요한 양보다 적으면 가격은 올라가요. 만약 소비자들이 필요하지 않은 물건을 만들면 아무도 사지 않아서 시장에서 사라질 거예요. 결국 시장에서는 소비자가 원하는 물건만 적당한 가격으로 거래되지요.

이처럼 사람들이 각자의 경제적 이익을 얻기 위해서 열심히 활동하면 사회구성원 모두에게 이익이 되는 결과를 가져와요. 경제학에서는 시장에서 경쟁과 가격을 통해 자원이 효율적으로 배분된다고 말해요. 이렇게 우리 눈에는 보이지 않지만 경제시장이 작동하는 원리를 '보이지 않는 손'이라고 한답니다.

보이지 않는 손

시장

경쟁

가격

02

가격은 어떤 역할을 할까요?

가격이란 어떤 재화나 서비스가 가지는 가치를 돈으로 나타낸 것을 말해요. 가격은 우리 주변에서 다양한 이름으로 불려요. 일한 것에 대한 대가는 '월급', 건물을 빌려서 쓰는 대가로 내는 돈은 '임차료', 돈을 빌려주고 받는 대가를 '이자'라고 하지요. 모두 가격을 나타내는 다양한 이름들이에요.

이러한 가격은 경제시장에서 어떤 역할을 할까요? 가격은 경제시장에서 신호등 역할을 해요. 우리는 길을 건널 때 신호등의 색깔을 보고 길을 건널지 말지 결정해요. 빨간색이면 멈춰야 하고 초록색이면 길을 건널 수 있지요. 만약 신호등이 없다면 도로에 질서가 사라져서 큰 혼란이 올 거예요.

편의점에 갔는데 물건에 가격이 표시되어 있지 않다고 상상해 보아요. 그럼 손님과 사장님은 물건을 얼마에 사고팔지 한참을 따질 거예요. 마치 도로에 신호등이 없을 때처럼 경제시장은 혼란스러워지겠지요.

가격은 생산자들이 어떤 물건을 얼마만큼 만들어서 팔지 알려주는 역할을 해요. 예를 들어, 팥빵과 크림빵 중에서 팥빵 가격이 올랐다고 생각해 보아요. 그럼 빵 가게 주인은 팥빵을 더 많이 만들고 크림빵은 덜 만드는 것이 이익일 거예요. 가격이 빵 가게 주인에게 팥빵을 더 만들라고 신호를 보내는 셈이지요.

즉 가격은 빵집 주인에게 한정된 자원을 어디에 써야 하는지 알려줘요. 빵집에서 밀가루는 빵을 만드는 데 꼭 필요한 재료지만 양은 한정되어 있어요. 가격은 빵집 주인에게 가격이 많이 오른 팥빵을 만드는데 더 많은 밀가루를 쓰라고 알려주는 것이지요.

그럼 소비자들에게 가격은 어떤 신호를 보낼까요? 가격은 소비자들에게 어떤 물건을 얼마만큼 사야 하는지 신호를 보내줘요. 팥빵 가격이 오르면 팥빵의 소비를 줄이고 크림빵 소비를 늘리라는 의미예요. 사람들이 물건을 살 때 가격이 비싸면 덜 사고, 가격이 싸면 더 많이 사게 되는 것을 생각해 보면 이해하기 쉬울 거예요.

가격이 빵집 주인에게는 팥빵을 더 만들라는 신호를 보내고 소비자들에게는 팥빵 소비를 줄이라는 신호를 보냈어요. 그 결과, 팥빵의 생산량은 늘지만 소비량은 줄어들어요. 빵집에는 팥빵이 다 팔리지 않아 남게 되고 결국 팥빵의 가격이 내려가게 된답니다. 경제시장에서 가격이 보내주는 신호로 인해서 생산량과 가격이 자연스럽게 조절되는 것이지요.

이처럼 가격은 생산자와 소비자 모두에게 신호를 보내서 어느 재화와 서비스를 얼마만큼 생산하고 소비할지에 대한 정보를 알려줘요. 또 생산에 필요한 희소한 자원을 어떻게 배분할지도 알려주지요. 그래서 경제학에서 가격은 생산자와 소비자에게 필요한 정보를 제공하고, 희소한 자원을 효율적으로 배분하는 역할을 한다고 말한답니다.

03

수요와 공급이 뭐예요?

가끔 뉴스에서 어떤 상품에 대한 수요가 증가했다고 하거나 공급이 많아졌다고 보도하기도 해요. 또는 적정량을 공급하는 것이 중요하다고 말하기도 하지요.

'수요'는 사람들이 재화나 서비스를 사려고 하는 것을 말해요. 맛있는 빵을 사려고 하는 사람들이 많으면 '수요가 많다'라고 표현하지요. 수요는 고정된 것이 아니라 항상 변해요.

예를 들면, 사람들의 소득이 높아지거나 어떤 상품이 유행하면 수요가 증가해요. 뉴스에서 팥빵이 건강에 이롭다고 보도하면 팥빵을 사려는 사람들이 많아지고 팥빵은 많이 팔릴 거예요. 이때 팥빵의 수요가 증가했다고 표현하지요. 반대로 팥빵이 건강에 해롭다는 뉴스가 나오면 팥빵의 수요는 감소할 거예요.

특정 가격에서 사람들이 소비하고자 하는 재화나 서비스의 양을 '수요량'이라고 해요. 수요량은 가격에 따라서 변해요. 사람들은 되도록 저렴한 가격에 재화와 서비스를 사고 싶어 해요. 그래서 팥빵의 가격이 오르면 사람들의 팥빵 수요량이 줄어들어요.

반대로 팥빵 할인 행사를 해서 가격이 내리면 팥빵 수요량은 늘어

나지요. 즉 가격이 오르면 수요량이 줄고, 가격이 내리면 수요량이 늘어요. 이렇게 가격과 수요량이 반대 방향으로 움직이는 것을 경제용어로 '수요의 법칙'이라 해요.

반대로 '공급'은 생산자들이 재화나 서비스를 팔려고 하는 것을 말해요. 빵집 주인은 사람들에게 빵을 공급하는 '공급자'예요. 공급도 수요와 마찬가지로 항상 변할 수 있어요.

마을에 빵집이 딱 하나 있었는데 근처에 빵집이 하나 더 생기면 마을에는 빵의 공급이 증가해요. 또 빵을 생산하는 데 필요한 재료인 밀가루 가격이 하락하거나 새로운 제빵 기계를 개발해서 빵 생산량이 늘면 공급이 증가하게 되지요.

공급자들은 비싼 가격에 상품을 팔고 싶어 해요. 그래서 가격이

올라가면 공급자들이 팔고자 하는 공급량이 증가하지요. 만약 팥빵의 인기가 많아서 가격이 오르면 빵집 주인은 팥빵을 더 많이 팔아서 이익을 남기려고 할 거예요. 그럼 팥빵의 공급량이 증가하게 돼요.

반대로 팥빵 가격이 내려가면 팥빵 말고 다른 빵을 만들게 될 거예요. 그래서 팥빵의 공급량이 줄어들지요. 이처럼 '공급의 법칙'은 가격이 올라가면 공급량이 증가하고, 가격이 내려가면 공급량이 감소하는 것을 말해요.

읽을거리

당장 필요하지 않아도 수요가 발생할 수 있어요

실제로 사용할 목적으로 물건을 구매하는 수요는 실수요라고 해요. 하지만 사람들은 지금 당장 필요한 물건이 아니더라도 미래에 필요할 것이라고 예상해서 물건을 사기도 해요. 이를 가수요라고 하지요. 예를 들어, 전쟁이 벌어질 것 같으면 사람들은 당장 필요하지 않아도 전쟁을 대비해서 생필품을 사재기해요. 왜냐하면 나중에 생필품이 부족해지거나 가격이 오를 거라고 예상하기 때문이에요.

04

물건의 가격은
어떻게 결정될까요?

소비자들이 재화와 서비스를 사고자 하는 것을 수요라 하고, 생산자들이 재화와 서비스를 팔고자 하는 것을 공급이라고 배웠어요. 재화와 서비스의 가격은 수요와 공급의 상호작용으로 결정돼요.

재화와 서비스의 가격 결정은 수요와 공급이 서로 줄다리기하면서 힘겨루기를 하는 것과 비슷해요. 그러다가 서로의 힘이 비슷해져서 어느 쪽으로도 움직이지 않을 때 비로소 가격과 거래량이 결정되는 것이지요.

만약 물건 가격이 생각보다 비싼 경우, 소비자들은 그 상품을 덜 사려고 하고 생산자들은 더 많이 팔려고 해요. 이렇게 되면 소비자들이 사려고 하는 양보다 생산자들이 팔려고 하는 양이 더 많아져요. 이런 상태를 수요량보다 공급량이 많다고 해서 '초과공급'이라고 해요.

동네 빵집을 예로 들어볼까요? 빵집 사장님은 빵 한 개를 5000원에, 총 15개를 팔고 싶어 해요. 하지만 손님들은 빵 1개에

5000원은 너무 비싸다고 생각했지요. 그래서 빵은 겨우 5개밖에 팔리지 못했어요. 그러면 빵은 10개가 팔리지 않고 남게 돼요. 이렇게 빵집 사장님이 팔지 못하고 남은 빵 10개를 '초과공급'이라고 한답니다.

빵집 사장님은 고민에 빠져요. 그러다가 빵 10개를 그냥 버리는 것보다 더 싸게 팔아 조금이라도 돈을 더 벌기로 결심했어요. 그래서 빵 한 개 가격을 3000원으로 내리고 빵을 10개만 만들었더니 10개 모두 팔렸어요. 결국 빵집 사장님은 팔고자 한 빵을 모두 팔게 되었고, 빵집 손님들은 적정한 가격에 빵을 살 수 있게 되었어요.

여기서 남은 빵이 하나도 없이 모두 팔리고, 손님들도 만족하면서 살 수 있는 빵의 양 10개를 '균형 거래량'이라고 해요. 그리고 빵집 사장님과 손님이 모두 만족해하는 빵의 가격 3000원을 '균형가격'이라고 한답니다.

이렇게 초과공급 상태에서는 물건은 넘쳐나지만 사려고 하는 사람은 적으니 자연스럽게 가격이 내려가게 돼요. 가격이 내려가면서 수요량은 늘어나고 공급량은 줄어들어요. 그 결과, 생산자와 소비자가 모두 만족하는 가격과 거래량에 도달할 수 있게 된답니다.

반대로 빵이 저렴한 가격에 진열되어 있으면 빵집 사장님이 만든 빵보다 소비자들이 사려는 빵이 더 많아서 빵은 금방 팔릴 거예요. 늦게 온 손님들은 빵을 사고 싶어도 이미 다 팔려서 살 수 없게 되지요. 이렇게 빵의 공급량보다 수요량이 많은 상태를 '초과수요'라고 해요.

그러면 손님들은 돈을 더 주고서라도 빵을 사려고 하고, 빵집 사장님은 이익을 더 남기려고 해서 빵 가격이 올라가요. 가격이 올라가면 수요량은 줄어들고 공급량은 늘어나면서 또다시 균형가격과 균형거래량에 도달한답니다.

읽을거리

가격이 더 비쌀수록 잘 팔린다고?

수요의 법칙에 따르면 가격이 상승하면 수요량이 감소해요. 하지만 가격이 오르는데도 오히려 수요량이 증가하는 재화를 기펜재라고 해요. 대표적인 기펜재로는 명품이 있어요. 값비싼 가방을 파는 명품 브랜드에서 주기적으로 가방 가격을 올리더라도 가방을 사고 싶어 하는 사람들이 늘어나거든요.

05

소비자가 물건에서 얻는 만족도

우리는 원하는 물건을 사거나 식당에서 맛있는 음식을 먹으면 행복해하거나 만족감을 느껴요. 이렇게 사람들이 재화나 서비스를 소비할 때 느끼는 만족을 경제학에서는 '효용'이라고 해요.

사람들은 자신의 효용이 커지도록 행동해요. 우리가 식당에서 음식을 주문할 때도 마찬가지예요. 여러 가지 메뉴 중에서 가장 먹고 싶은 음식을 고르는 건 그 음식이 나에게 주는 만족이 가장 크

기 때문이지요.

그렇다면 효용은 어떻게 측정할 수 있을까요? 효용은 사람들이 재화와 서비스를 소비하면서 느끼는 주관적인 감정이라서 정확하게 측정하기 어려워요. 하지만 경제학에서는 효용의 크기를 숫자로 나타낼 수 있다고 가정하지요.

예를 들어, 배부르게 밥을 먹고 후식으로 먹는 빵과 배가 고플 때 허겁지겁 먹는 빵의 효용은 달라요. 배가 고플 때 먹는 빵의 효용이 훨씬 더 크기 때문이에요. 경제학에서는 이미 배부른 상태에서 먹는 빵의 효용을 '5'라고 하면, 배가 고플 때 먹는 빵의 효용은 그것보다 더 큰 '10'으로 측정할 수 있다고 가정하고 있어요.

아무리 배가 고프더라도 빵을 계속 먹으면 추가로 먹는 빵의 효용은 줄어들어요. 처음 먹은 빵은 아주 맛있어서 효용이 10이라면, 두 개째 먹는 빵은 5, 세 개째 먹는 빵은 배가 불러서 더 이상 아무런 효용을 느끼지 못하게 돼요.

이렇게 재화를 1단위씩 추가로 소비하면서 얻는 효용을 '한계효용'이라고 해요. 그리고 한계효용이 10에서 5로, 5에서 0으로 점점 감소하는 것을 '한계효용 체감의 법칙'이라고 한답니다.

우리는 소비할 때 효용을 최대로 늘리는 방법으로 돈을 사용하고 있어요. 용돈 2000원으로 빵과 우유 중에 무엇을 살지 고민하다 빵을 선택했다고 생각해 보아요. 내가 그렇게 행동한 이유는 우유보다 빵이 나에게 주는 효용이 더 크다고 생각했기 때문이에요.

그런데 내가 용돈 2000원을 추가로 더 받으면 이번에는 우유를 선택할 가능성이 커요. 왜냐하면 빵은 이미 먹어서 한계효용이 감소하지만, 목이 마른 상태에서 우유를 마실 때의 효용은 크게 느껴지기 때문이에요. 나도 모르는 사이에 자연스럽게 효용을 측정하고 재화와 서비스를 소비하고 있는 것이지요.

06

물건 가격을
올리지 못하게 한다면?

경제시장에서 가격은 수요와 공급으로 결정된다고 배웠어요. 그러나 정부는 경제시장에서 결정된 가격이 비싸다고 생각할 수 있어요. 이때 정부가 경제시장에 개입해서 가격을 일정 수준 이상으로 올리지 못하도록 하는 것을 '가격 상한제'라고 해요. 가격 상한제는 소비자를 보호하거나 물가를 안정시키기 위한 정책이에요.

그럼 물건의 가격을 올리지 못하게 막는다면 소비자들은 저렴하게 물건을 사게 돼서 무조건 좋은 정책이라고 할 수 있을까요? 꼭 그

렇다고 할 수는 없어요.

코로나 바이러스가 처음 유행할 때를 기억하나요? 그 당시에는
마스크가 매우 부족했어요. 그래서 시장에서 마스크가 말도 안 되
게 비싸게 팔리는 현상이 생겨났지요. 그래서 정부가 나서서 마스크
1장당 1500원에 개수를 정해서 팔았어요. 이는 소비자들을 위해서
꼭 필요한 정책이었지요.

하지만 외부에서 활동을 많이 해서 비싸더라도 마스크를 꼭 사
야 하는 사람이 있는가 하면, 집안에서만 활동해서 마스크가 많이
필요하지 않은 사람도 있어요. 그런데 정부에서 마스크를 저렴하게
공급하니 지금 당장 마스크가 필요하지 않아도 일단 사놓고 보는 사
람들이 생겨났어요. 그 사람들은 나중에 마스크를 더 비싼 가격으

로 되팔아 이익을 보려고 했기 때문이에요.

마스크를 저렴하게 사서 비싼 가격에 되파는 것처럼 법을 어기면서 몰래 물건을 사고파는 시장을 '암시장'이라고 해요. 가격 상한제의 대표적인 부작용은 바로 암시장이 생기는 거예요. 또 생산자는 좋은 품질의 물건을 만들어도 높은 가격에 팔 수 없어서 결국 품질이 낮은 물건을 만들 가능성이 커져요.

반대로 물건의 가격을 일정 수준 이하로 거래하지 못하도록 하는 것을 '가격 하한제'라고 해요. 가격 상한제와는 반대로 생산자를 보호하는 제도지요. 가격하한제의 대표적인 예시로 최저임금제를 들 수 있어요. 최저임금제란 기업이 근로자가 생계를 유지하고 삶의 질을 향상할 수 있도록 일정 금액 이상의 월급을 지급해야 하는 제도에요.

농산물 가격 지지제도 가격하한제의 또 다른 사례예요. 농산물 가격 지지제는 농부가 농산물을 팔아서 받는 가격을 정부가 일정수준 이상으로 보장해 주는 제도에요. 이 제도는 농부의 수입을 안전하게 보장해 주는 것도 있지만, 쌀과 보리 같은 식량을 안정적으로 생산하기 위한 목적두 있어요.

만약 쌀의 가격이 너무 저렴해서 농부들이 쌀 생산을 포기하면 어떻게 될까요? 그럼 우리나라 사람들은 쌀을 외국에서 수입해 먹어야 할 수도 있어요. 그러다가 갑자기 외국에서 쌀 수출을 중단하면 우리나라에 식량 위기가 올 수도 있겠지요. 이런 일을 방지하기 위해서 정부에서는 농산물 가격이 일정 가격 이하로 떨어지는 것을 막고 있답니다.

읽을거리

한양 쌀값을 잡아라!

조선 시대 정조 때, 한양에 큰 흉년이 들어 쌀 가격이 엄청나게 오른 적이 있었어요. 그러자 정조는 쌀을 비싸게 파는 장사꾼들은 모두 잡아서 사형에 처하라는 명을 내렸어요. 그러자 신하들 모두가 정조의 의견에 찬성했어요. 그런데 연암 박지원이라는 신하는 생각이 달랐어요. 박지원은 "전하, 장사꾼들의 목을 베면 아무도 쌀을 팔지 않을 것입니다. 그렇게 되면 백성들이 굶어 죽을 수 있습니다!"라고 주장했어요. 박지원의 말을 듣던 정조는 고민 끝에 그의 의견에 따랐어요. 결국 지방의 쌀을 가져와서 한양에 파는 장사꾼들이 늘어나면서 한양의 쌀값은 다시 안정되었다고 해요.

07

농산물은 왜
가격 변동이 심할까요?

부모님과 마트에서 장을 볼 때 과자나 아이스크림 가격은 그대로 인 경우가 많은데 배추나 양파 같은 농산물은 가격이 많이 올랐다 는 이야기를 들어본 적 있을거예요.

농산물의 가격 변동이 심할 때는 배추 가격이 작년에 비해 2배나 오르기도 하고, 양파 가격이 작년에 비해 반값으로 떨어지기도 한답 니다.

농산물의 가격 변동이 심한 이유는 수요와 공급에서 찾을 수 있 어요. 사람들이 배추나 양파를 먹는 양은 매년 비슷해요. 김치를 좋 아하는 가족은 배추 가격이 조금 오르거나 내리더라도 배추를 사는 양을 크게 바꾸지 않아요. 왜냐하면 배추는 김치를 만들기 위해 꼭 필요한 재료이기 때문이지요.

반면 김치를 좋아하지 않는 가족도 배추 가격이 많이 내렸다고 해서 갑자기 배추를 많이 사지 않을 거예요. 왜냐하면 매년 먹는 김 치의 양만큼만 배추가 필요하기 때문이지요. 그래서 사람들이 배추를 사고자 하는 양은 매년 비슷해요.

　어떤 사람이 작년에 50포기의 배추를 샀다면 가격이 오르든 내리든 올해도 50포기의 배추를 살 가능성이 커요. 이처럼 농산물은 사람들의 식생활에 꼭 필요해서 수요량이 가격에 따라서 크게 바뀌지 않는답니다.

　농부 입장에서는 배추의 가격이 많이 가격이 올랐다고 해서 갑자기 많은 양의 배추를 생산하기 어려워요. 왜냐하면 배추는 농사를 지어 생산되기에 시간이 최소 몇 개월은 걸리기 때문이지요. 같은 이유로 이미 배추를 심어 놓은 상태에서 배추의 가격이 내렸다고 해서 생산량을 줄일 수도 없답니다.

이처럼 농산물의 수요는 매년 일정하고 공급은 농부가 마음대로 조절할 수 없어요. 그래서 농산물은 가격 변동이 크게 발생해요. 예를 들어 올해는 햇빛도 잘 들고 비도 적당히 와서 배추 농사에 풍년이 들었어요. 그래도 사람들이 배추를 사고자 하는 양은 작년과 비슷할 거예요. 그에 비해 배추 공급은 너무 많아졌기 때문에 가격이 폭락하게 된답니다.

그 결과, 작년에는 100포기를 만 원에 팔아서 100만 원을 벌었는데 올해는 풍년으로 200포기를 생산했는데도 불구하고 배추 가격이 3000원으로 떨어져서 60만 원밖에 못 벌 수도 있어요. 풍년이 들어서 농산물의 생산량이 많아졌는데도 오히려 농부의 수입이 줄어드는 현상을 '농부의 역설'이라고 해요.

반대로 태풍이나 가뭄이 심해서 배추 농사에 흉년이 들면 어떻게 될까요? 사람들이 사고자 하는 배추의 양보다 훨씬 적은 배추가 공급되기 때문에 배추의 가격이 폭등하게 된답니다.

　이처럼 농산물은 가격 변동이 심해서 농사가 잘 안된 흉년에는 정부가 외국에서 농산물을 많이 사들여서 시장의 공급을 늘려요. 반대로 풍년에는 국내 농산물을 일부러 사들이면서 수요를 늘려 농산물의 가격이 안정적으로 유지될 수 있도록 노력하고 있어요.

08

기업의 역할과 목적

우리 주변에는 삼성전자, 현대자동차 등 대기업 이외에도 수많은 기업이 있어요. 기업을 다른 말로 회사라고도 해요. 사람들은 돈을 벌기 위해 기업을 만들어요. 그래서 경제학에서 기업의 목적은 '이윤 추구', 즉 돈을 버는 것이라고 말해요.

기업의 목적은 낮은 비용으로 재화와 서비스를 만들어서 높은

가격에 팔아 돈을 많이 버는 것이지만, 국가 경제와 사람들의 생활에서도 아주 중요한 역할을 해요.

우리가 일상생활에서 사용하는 재화와 서비스는 대부분 기업에서 생산한 것들이에요. 노트북이나 휴대폰은 내가 직접 만들 수 없어요. 그래서 기업이 만들어서 판매하고 있지요. 아마도 기업이 없다면 우리는 일상생활에 큰 불편함을 느끼게 될 거예요.

지금도 기업은 사람들의 삶을 개선 할 수 있는 재화와 서비스를 만들기 위해서 노력하고 있어요. 이처럼 사람들에게 다양한 재화와 서비스를 제공하는 것이 기업의 가장 큰 역할이라고 볼 수 있지요.

기업은 사람들에게 일자리도 제공해요. 즉 재화와 서비스를 만들기 위해서 근로자를 채용하고 월급을 주고 있지요. 근로자들이 받은 월급은 가계의 주요 수입원이 되고, 가계 구성원은 필요한 물건을 구매할 수 있어요. 부모님이 회사에서 받은 월급으로 우리 가족에게 필요한 재화와 서비스를 살 수 있는 것이지요.

기업이 일자리를 많이 만들어서 가계 소득이 증가하면 소비도 늘어서 국가 경제가 좋아져요. 하지만 요즘은 경제가 좋지 않아 기업이 일자리를 많이 만들지 못하고 있어요. 그래서 어떻게 하면 일자리를 늘릴 수 있을지 정부와 기업에서 끊임없이 고민하고 있지요.

그리고 금융시장에서 새롭게 투자할 곳을 제공하기도 해요. 사업을 확장하거나 새로운 기술을 개발하기 위해서는 많은 돈이 필요해요. 기업은 사람들에게 주식을 발행해서 돈을 마련하거나, 은행에서 돈을 빌린 다음 주주와 은행에 배당금과 이자를 지급하지요.

또 기업은 벌어들인 이익 중 일부를 정부에 세금으로 내요. 이를 '법인세'라고 하지요. 법인세는 정부의 주요 수입원이라고 할 수 있어요. 정부는 기업이 낸 세금으로 학교 건물을 짓거나 도로를 만드는 등 공공 생활에서 필요한 분야에 돈을 쓰고 있어요.

최근에는 기업이 벌어들인 돈으로 환경오염 문제를 해결한다거나 소외계층에게 기부하는 등 사회적 책임을 다하는 행동이 중요하게 여겨지고 있어요. 기업이 번 돈의 일부를 사회에 되돌려주는 셈이지요.

읽을거리

사람들을 고용하기 위해 물건을 만드는 기업

사회적 가치를 실현하기 위해 운영하는 기업을 사회적 기업이라고 해요. 사회적 기업은 돈을 벌기 위한 목적도 있지만, 취약계층을 대상으로 일자리를 제공하거나 지역사회에 공헌하려는 목적도 가지고 있어요. 그래서 정부에서는 이러한 사회적 기업을 늘리기 위해 많은 지원을 하고 있답니다.

09

물건을 할인해서 팔면
기업은 손해를 볼까요?

소비자는 저렴한 가격에 재화와 서비스를 사고 싶어 하고, 기업은 비싼 가격에 물건을 팔아서 많은 이익을 남기고 싶어해요. 그런데 우리 주변에서는 물건을 원래 가격보다 할인해서 파는 경우를 종종 볼 수 있어요. 하지만 기업이 물건을 할인하는 이유도 결국 물건을 더 많이 팔아 많은 돈을 벌기 위한 전략이에요.

아침에 영화를 보러 가면 원래 가격보다 저렴한 가격으로 영화를 볼 수 있어요. 원래 가격대로 받으면 영화관에서는 더 많은 이익을 얻을 수 있을 텐데 왜 아침에는 영화 티켓을 저렴하게 팔까요?

경제학에서는 영화관이 '가격차별' 전략을 사용한다고 해요. 이 전략은 소비자들에게 각각 다른 가격을 받아서 영화관의 수익을 더 늘리는 거예요. 예를 들어, 학생들은 돈이 많지 않아서 영화 티켓이 1만 5000원이면 부담스러워해요. 하지만 영화 티켓을 만 원으로 내리면 기꺼이 영화를 보러 올 거예요.

어른들은 직장에서 돈을 벌기 때문에 재미있는 영화라고 하면

15000원에도 영화 티켓을 살 거예요. 그래서 학생이나 직장이 없는 사람은 할인받기 위해 수고스럽더라도 아침에 영화를 보러 가지요. 반면, 직장인들은 학생들보다 영화표 가격에 덜 신경 쓰기 때문에 퇴근 후 제 값을 주고 영화를 보러 갈 거예요.

영화관에서 이른 아침에 할인하는 또 다른 이유는 저녁보다 아침에 영화관의 빈자리가 많기 때문이에요. 대부분의 사람들은 이른 아침보다는 퇴근 후 저녁 시간에 여유롭게 영화 보는 것을 선호해요. 영화관 입장에서는 아침에 손님이 10명이 오든 20명이 오든 영화를 상영하는 데 들어가는 비용은 같아요. 그런데 영화 티켓을 할인해서 10명의 손님이 더 오게 된다면 영화관은 따로 돈 들일 필요 없이 10만 원(10명×만 원)을 더 벌게 되는 셈이지요.

마트에서도 수많은 물건을 할인하여 판매하고 있어요. '저렇게 많이 할인하면 남는 게 있을까?'라는 생각이 들 정도로 할인을 많이 하는 물건도 있지요. 마트 사장님은 당장 손해를 조금 보더라도 미래의 이익을 위해 할인해서 판매하기도 해요.

일부 물건을 저렴한 가격으로 팔아서 소비자들이 마트를 방문하도록 끌어들인 다음, 다른 물건들도 사도록 유도하는 마케팅 전략을 '유인 가격 전략'이라고 해요.

우유를 반값에 할인하면 사람들은 우유를 사러 마트에 올 거예요. 그런데 사람들이 마트에 온 김에 빵과 과자도 함께 구매하면 마트는 결과적으로 더 많은 물건을 팔아서 이익을 얻게 되지요. 이때 우유를 다른 물건을 구매하도록 하는 '미끼상품'이라고 해요.

또 기업이 신제품을 개발하면 소비자들의 관심과 구매를 유도하기 위해서 할인하는 경우도 많아요. 소비자들은 새로운 제품의 장점과 기능을 잘 모르기 때문에 살까 말까 망설이게 되지요. 그래서 기업은 일부러 낮은 가격으로 소비자들을 유혹하는 거예요. 이렇듯 신제품 출시 초기에 낮은 가격으로 판매하는 것을 '시장침투 가격전략'이라고 해요.

그래서 새로운 게임이 출시되었을 때 게임 아이템을 할인해서 파는 모습을 볼 수 있어요. 게임 회사에서 초반에 이용자들을 모은 뒤 시간이 지나서 이용자들이 게임에 흥미를 느낄 때쯤 아이템 가격을 올리는 것은 대표적인 시장침투 가격전략의 사례예요. 이때는 가격을 원래대로 올려도 이용자들은 계속해서 아이템을 구매하려고 해서 게임 회사는 이득을 보게 되지요.

그렇다면 소비자들은 어떻게 행동해야 할까요? 물건을 할인 판매한다고 해서 불필요한 물건을 사는 것은 기업들의 판매 전략에 넘어가는 거예요. 물론 나에게 꼭 필요한 물건을 할인 기간에 구매한다면 합리적인 소비라고 할 수 있겠지요.

통 큰 할인 시즌, 블랙프라이데이!
블랙프라이데이란 추수감사절 다음 날인 11월 넷째 주 금요일을 말해요. 우리나라에서는 추석과 설날이 가장 큰 명절이듯이, 미국에서는 추수감사절과 크리스마스가 가장 큰 명절이라고 할 수 있어요. 이 시기에는 사람들이 **물건**을 대량으로 구매하면서 적극적인 소비활동을 해요. 그래서 미국에서는 추수감사절 다음 날부터 크리스마스와 새해가 될 때까지 크게 할인 판매를 하는데 주로 이 시기를 블랙프라이데이라고 부른답니다.

10

많이 생산할수록
비용이 적게 들어요

우리가 좋아하는 치킨을 집에서 직접 만들어 먹는 것과 치킨 가게에서 배달시켜서 먹는 것 중 어느 것이 더 저렴할까요? 아마도 부모님께 치킨을 만들어 달라고 하면 부모님께서는 치킨 가게에서 시켜 먹는 게 더 저렴하다고 말씀하실 거예요.

그 이유는 집에서 치킨을 만들면 치킨 가게보다 훨씬 큰 비용이 들기 때문이에요. 왜 그럴까요? 그건 바로 치킨 가게에서는 치킨을 한 번에 많이 만들기 때문에 치킨 1마리당 드는 비용이 적게 들기 때문이에요.

기업은 재화를 생산할 때 원재료를 사거나 근로자를 고용하고 공장도 지어야 해서 많은 비용이 들어가요. 그래서 기업은 어떻게 하면 적은 비용으로 많은 재화를 생산할지 항상 고민하지요.

그래서 찾아낸 방법이 바로 평균비용을 줄이는 거예요. 이때 평균비용은 분수로 나타낼 수 있는데 분모에는 생산량이 들어가고, 분자에는 생산 비용이 들어가요. 분모인 생산량을 늘이거나 분자인 생산 비용을 줄이면 평균비용은 줄어들어요. 즉 하나의 물건을 만드는 데 드는 비용을 줄이려면 물건 자체를 많이 만들거나 재료값을 줄이면 돼요.

생산비용은 크게 변동비용과 고정비용으로 나누어져요. 재화 생산량이 많아지면 원재료는 더 많이 필요해요. 그래서 추가로 원재료를 구매해야 하지요. 원재료처럼 재화의 생산량에 따라 바뀌는 비용을 '변동 비용'이라고 해요.

반면, 생산량이 많아져도 생산비용이 변하지 않는 것도 있어요. 예를 들어, 공장을 짓는 비용은 재화의 생산량이 많아져도 증가하지 않아요. 왜냐하면 맨 처음 한 번만 들어가는 비용이기 때문이에요. 이렇게 생산량이 변동해도 바뀌지 않는 생산비용을 '고정비용'이라고 하지요.

기업은 원재료 등을 대량 구매해서 변동비용을 줄이고 재화를 많이 생산해서 재화 1개당 드는 고정비용을 줄일 수 있어요. 이처럼 대량생산으로 재화 1개당 평균비용이 감소하는 현상을 경제학에서는 '규모의 경제'가 발생한다고 해요.

국내총생산(GDP)

일정한 기간 동안 한 나라 안에서 생산된 모든 재화와 서비스의 시장 가치 총액을 말해요. 그래서 기업의 국적과 상관없이 우리나라 안에서 생산됐다면 우리나라 GDP에 포함돼요. 국내총생산은 그 나라의 경제력이 어느 정도인지 평가하는 기준이 돼요. 경제성장률은 국내총생산이 증가한 비율로 구할 수 있어요.

범위의 경제

2개 이상의 제품을 한 기업이 생산하면서 평균비용이 감소하는 현상이에요. 애플이 아이폰과 애플워치를 같이 생산하면서 유통비용과 마케팅 비용이 감소하는 것은 범위의 경제에 해당하는 사례에요.

독점과 과점

하나의 기업이 시장을 지배하는 것을 독점, 소수의 기업이 시장을 지배하는 것을 과점이라 해요. 독점과 과점은 공정하게 경쟁할 유인이 없어서 소비자들에게 피해를 줄 수 있어요. 그래서 정부에서는 법을 만들어 소비자들이 피해를 보지 않도록 관리하고 있어요.

대체재와 보완재

대체재는 서로 경쟁 관계에 있는 재화와 서비스를 말해요. 돼지 고기 가격이 비싸지면 사람들은 돼지고기 소비를 줄이고 닭고기 소비를 늘려요. 왜냐하면 돼지고기와 닭고기는 서로 대체 관계에 있기 때문이에요. 반면, 보완재는 함께 소비하면 효용이 증가하는 재화와 서비스를 말해요. 빵의 수요가 증가하면 빵에 발라먹는 잼의 수요도 같이 증가해요. 이때 빵과 잼은 서로 보완관계에 있다고 말해요.

가치재와 비가치재

내가 독감 예방 주사를 맞으면 나뿐만 아니라 다른 사람들도 독감에 걸릴 확률이 낮아져요. 이렇게 내가 소비해서 다른 사람들에게도 이로운 효과를 가져오는 재화와 서비스를 가치재라고 해요. 반대로, 마약이나 담배와 같이 내가 소비해서 다른 사람들에게도 피해를 주는 재화와 서비스를 비가치재라고 한답니다.

초등학교 교육과정 연계 내용

[5-1 사회] 헌법에 나타난 국민의 의무

4
교시

세금 알아보기

01

역사 속 세금 이야기

세금이란 나라를 운영하기 위해 국민으로부터 강제로 걷는 돈을 말해요. 세금은 나라가 세워지기 전 아주 옛날에도 존재했어요. 함께 생활하는 공동체에서 사람들은 길을 만들거나 마을을 지키는 성을 쌓아야 했어요. 이때 필요한 물건들은 마을 사람들에게 조금씩 거두었지요. 이것이 바로 세금의 시초랍니다.

역시에 남은 가장 오래된 세금의 기록은 기원전 4000년 무렵 메소포타미아 문명에서 발견된 것이에요. 당시의 사람들은 거둬야 할 세금이 점점 늘어나자, 이를 일일이 다 기억하기가 어려웠어요. 그래서 점토

판에 벼 이삭 모양과 과일 모양 등을 그려서 기록으로 남겨두었답니다.

피라미드로 유명한 고대 이집트에서도 세금에 대한 기록이 남아있어요. 나일강의 비옥한 토지를 농민들에게 빌려주는 대신, 수확한 농작물의 20%를 세금으로 걷었어요. 세금을 거두기 위해서는 땅의 크기를 정확하게 알아야 했기에 토지를 측량하는 기술도 덩달아 발전하게 되었지요.

고대 이집트 최고의 통치자인 파라오는 가난한 농민에게 세금을 깎아 주기도 했어요. 심지어 흉년이 들어서 도저히 세금을 낼 형편이 안 되는 농민에게는 세금을 걷지 않았어요. 파라오는 세금을 걷는 일을 세금 징수관에게 맡겼는데, 농민들에게 과도한 세금을 걷으면 세금 징수관의 코를 베어서 다른 나라로 추방할 만큼 세금 관리

올해는 흉년이니 세금을 조금만 걷으시오.

를 엄격하게 했답니다.

그렇다면 우리나라에서는 어땠을까요? 중국 역사서 《시경》에는 "고조선이 농토를 정리해서 세금을 매겼다"라는 기록이 있어요. 우리나라 역사상 최초의 세금기록인 셈이지요.

이후 삼국시대부터 세금을 체계적으로 정리했어요. 이 시기에는 세금을 조租·용庸·조調 세 가지로 구분해서 걷었어요. 조租는 가지고 있는 토지의 크기에 따라 쌀이나 콩과 같은 곡식을 세금으로 내는 것이에요.

조(租)

토지에 대한 세금이에요.

용庸은 노동력을 제공하는 것을 말해요. 전쟁에 대비해서 군사훈련을 받거나 성을 쌓을 때 성인 남자들이 불려 나갔지요. 또 마을에 길을 만들거나 관청을 지을 때도 마찬가지였어요.

조調는 각 지역의 특산물을 세금으로 내는 것을 말해요. 예를 들어, 농촌에서는 잣, 상추 등을 냈고 어촌에서는 미역, 다시마 등을 냈어요.

조(調)

고려 시대와 조선시대에도 조·용·조를 기본으로 삼아 세금을 걷었어요. 하지만 여러 가지 문제가 생기게 되었어요. 조調는 지역의 특산물을 세금으로 내는 제도였지만 때로는 관리들이 횡포를 부려 그 지역에서 나지도 않는 물건을 요구하기도 했어요.

예를 들어, 호랑이가 살지 않는 지역에 호랑이 가죽을 세금으로 부과하면 백성들은 많은 돈을 들여서 호랑이 가죽을 구해야만 했어요. 이 때문에 백성들이 힘들어했지요. 그래서 조선시대 중기부터는 세금을 특산물 대신 쌀로 통일해서 내는 '대동법'이 시행되었어요.

오늘날 세계 최강국인 미국은 한때 영국의 식민지였지만 세금 때문에 탄생한 나라이기도 해요. 18세기 영국은 프랑스와 전쟁을 해서

이겼지만 막대한 전쟁 비용으로 인해서 나라 살림살이가 매우 어려워졌어요. 그래서 부족한 돈을 영국의 식민지에서 채워 메꾸었지요. 영국은 식민지 주민들에게 설탕에 대한 세금을 부과했고, 다음 해부터는 공식 문서에까지 세금을 부과할 만큼 과도한 세금을 매겼어요.

이에 영국의 식민지에 살던 사람들은 거세게 반발했어요. 그러자 영국은 공식 문서에 대한 세금은 없앴지만, 곧바로 홍차에 대해 세금을 부과했어요. 그 결과, 식민지 국민의 분노는 폭발했고 영국은 식민지와 독립전쟁을 치르게 되었어요.

마침내 영국의 식민지였던 미국은 영국으로부터 독립을 선언하였고, 영국도 미국의 독립을 승인했어요. 당시 미국이 영국의 부당한 세금에 반발하면서 내세운 표어인 '대표자 없는 곳에 세금은 없다'라는 말은 세금 부과의 대원칙을 말해주고 있어요. 즉 세금을 거둘 때는 국민의 대표기관인 의회의 승인을 받아야 한다는 의미랍니다.

02

세금은 왜 내야 할까요?

우리 가족이 생활하려면 부모님의 월급이 필요해요. 마찬가지로 정부에서도 나라를 운영하려면 돈이 필요하답니다. 정부에서는 공공시설을 이용해서 직접 돈을 벌기도 하지만 이걸로는 나라를 운영하기에 충분하지 않아요. 그래서 필요한 돈 대부분을 국민에게 세금으로 걷어요.

등하굣길에 지나가는 도로나 횡단보도는 누군가 자발적으로 만

든 것이 아니라 정부에서 만든 것이랍니다. 학생들이 사용하는 학교 건물도, 공부할 때 사용하는 교과서도 정부에서 제공하는 것이에요. 모두 세금을 통해서 만들어진 것이지요.

또 국민의 안전을 책임지는 경찰관의 치안 서비스, 화재가 발생했을 때 불을 끄는 소방관의 소방 서비스, 우리나라 영토를 보호하는 군인의 국방 서비스는 우리가 안전하게 살아가기 위해서 꼭 필요한 서비스들이에요. 그래서 정부에서는 세금을 걷어 모두를 위한 공공 서비스를 제공한답니다. 우리가 평소에 공짜로 사용한다고 생각했지만, 실제로는 세금을 통해 그 가격을 지불하고 있었던 것이지요.

만약 정부에서 세금을 걷어 공공시설과 공공서비스를 제공하지 않는다면 어떻게 될까요? 그러면 사람들의 생활이 정말 불편해질 거예요. 왜냐하면 자기 돈을 내서 학교나 경찰서를 지어줄 사람이 많지 않기 때문이지요.

시장경제에서는 누구나 노력하면 돈을 벌 수 있어요. 하지만 몸이 불편하거나 일할 능력이 없어서 돈을 못 벌거나 소득이 낮은 사람도 있어요. 그래서 돈을 많이 버는 사람들에게 좀 더 많은 세금을 걷어서 사회적 약자를 지원해요. 이를 '소득재분배'라고 해요. 소득재분배도 세금의 중요한 역할 중 하나라고 할 수 있어요.

또 정부는 세금을 통해 사람들이 바람직한 행동을 하도록 유도하기도 해요. 사람들이 담배를 자주 피우고 술을 많이 마시면 건강이 나빠져요. 그런데 정부가 담배와 술에 대한 세금을 올리게 되면 사람들은 가격이 부담되어 담배를 덜 피우고 술을 덜 마시게 돼요. 즉 정부가 세금으로 국민이 건강한 삶을 살 수 있게 돕는 것이지요.

세금은 꼭 필요한 것이지만 그 누구도 세금을 많이 내고 싶어 하지 않아요. 정부도 이런 점을 잘 알고 있답니다. 그래서 세금을 성실하게 잘 내는 사람을 골라 모범납세자로 지정하고 표창과 여러 가지 혜택을 제공하고 있어요. 예를 들면, 철도요금을 할인해 주거나 공영주차장을 무료로 이용할 수 있도록 해준답니다.

세금의 종류

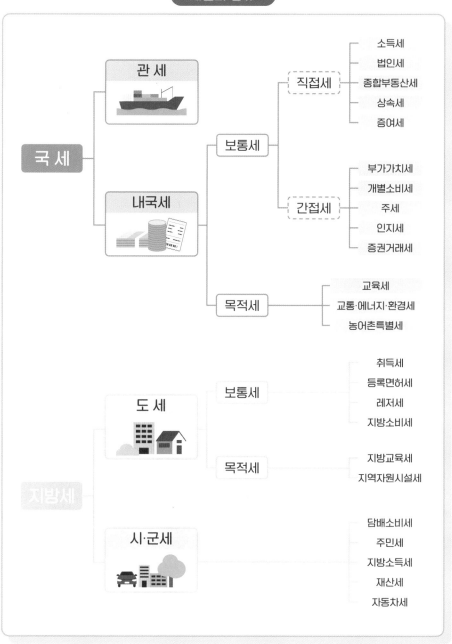

국세
- 관세
- 내국세
  - 보통세
    - 직접세
      - 소득세
      - 법인세
      - 종합부동산세
      - 상속세
      - 증여세
    - 간접세
      - 부가가치세
      - 개별소비세
      - 주세
      - 인지세
      - 증권거래세
  - 목적세
    - 교육세
    - 교통·에너지·환경세
    - 농어촌특별세

지방세
- 도세
  - 보통세
    - 취득세
    - 등록면허세
    - 레저세
    - 지방소비세
  - 목적세
    - 지방교육세
    - 지역자원시설세
- 시·군세
  - 담배소비세
  - 주민세
  - 지방소득세
  - 재산세
  - 자동차세

03

사람들이 받는
일곱 가지 소득

사람들은 직장에서 일하거나 가게를 운영하는 등 다양한 방법으로 경제활동을 하며 돈을 벌어요. 이렇게 사람들이 경제활동을 통해서 벌어들인 돈을 '소득'이라고 해요. 그리고 정부에서는 사람들이 벌어들인 소득에 대해 세금을 부과하는데 이를 '소득세'라고 해요.

소득이 있는 사람이라면 누구나 소득세를 내야 해요. 사람들은 저마다 다양한 경제활동을 하며 살아가기 때문에 소득의 종류도 다

양해요. 우리나라에서는 사람들이 얻는 소득을 총 7가지로 구분해서 소득세를 걷고 있어요.

이 중에서 근로소득, 금융소득, 사업소득을 살펴보고 어떻게 세금이 부과되는지 알아보기로 해요.

회사에서 일한 대가로 받는 월급은 다른 말로 '근로소득'이라 해요. 직장에 다니는 사람들은 근로소득을 얻는 셈이지요. 근로소득에 대한 세금은 어떻게 낼까요? 사람들은 근로소득에 대한 세금을 직접 국세청에 내지 않아요. 대신 회사가 월급을 지급할 때 소득세는 국세청에 내고, 소득세를 제외한 나머지 금액을 근로자에게 지급해요. 왜냐하면 근로자들이 직접 소득세를 계산해서 내기에는 번거롭고 복잡하기 때문이에요.

은행에 저축해서 받는 이자나 주식을 보유해서 받는 배당금은 '금융소득'이라 해요. 이자나 배당금을 받아서 소득이 생겼으니 당연히 소득세를 내야겠지요? 금융소득에 대한 소득세도 근로소득에 대한 소득세와 마찬가지로 돈을 받는 사람이 직접 세금을 내지 않아요. 금융소득을 지급하는 은행이나 증권회사에서 금융소득에 대한 소득세는 국세청에 내고, 소득세를 제외한 나머지 금액을 지급하는 것이지요.

근로소득에 대한 소득세와 금융소득에 대한 소득세의 공통점은 돈을 번 사람이 직접 세금을 내는 것이 아니라, 소득을 지급하는 기관에서 세금을 낸다는 점이에요. 이렇게 회사나 은행 등에서 미리 세금을 떼서 국세청에 내는 것을 '원천징수'라고 해요. 소득을 지급하는 곳(원천)에서 세금을 거두어들인다(징수한다)는 의미이지요.

이렇게 1년 동안 원천징수된 소득세는 1년이 지난 후에 소득세가 정확하게 계산되었는지 다시 확인하는 절차가 필요해요. 우리가 한 번쯤 들어 본 연말정산이 바로 그중 하나예요.

'사업소득'이란 음식점 주인이나 학원 원장 선생님처럼 회사에 다니지 않고 직접 사업을 해서 벌어들인 돈을 말해요. 그런데 음식점이나 학원을 운영하려면 돈이 많이 들어요. 이러한 비용을 '경비'라고 하지요. 예를 들어, 음식점에서 쌀이나 돼지고기 같은 음식 재료를 구매하거나 종업원들에게 월급을 주는 것, 전기 요금이나 가스 요금 등이 모두 경비에 해당해요.

경비는 음식점을 운영하며 돈을 버는 과정에서 어쩔 수 없이 들어가는 돈이에요. 그래서 사업소득은 음식을 팔아서 번 돈에서 경비는 빼고 계산한답니다. 예를 들어, 음식점 주인이 음식을 팔아서 총 500만 원을 벌었는데 경비로 200만 원을 썼다면 사업소득은 500만 원에서 200만 원을 뺀 300만 원이 돼요. 그러면 음식점 주인은 300만 원에 대해서만 소득세를 내면 된답니다.

대회에 나가서 상금을 받으면 세금을 내야 할까?

소득이 있는 곳에는 대부분 세금이 발생해요. 그렇다면 어린이들이 대회에 나가서 상금을 받은 경우에도 세금을 내야 할까요? 정답은 '대회 주최와 상금의 규모에 따라 다르다'에요. 기업에서 개최한 대회에서 내가 받은 상금이 25만 원보다 적다면 세금을 내지 않지만, 25만 원보다 많으면 세금을 내야 해요. 하지만 국가나 지방자치단체에서 개최한 대회에서 받는 상금은 금액에 상관없이 세금을 내지 않아도 된답니다.

04

회사는 사람도 아닌데
어떻게 세금을 낼까요?

음식점 사장님이나 학원 원장 선생님은 자기 돈으로 사업을 운영해요. 하지만 규모가 큰 사업장에서는 공장이나 건물을 짓는다거나 일할 사람들을 많이 뽑아야 해서 많은 돈이 필요해요. 이렇게 많은 돈은 한 사람이 전부 감당하기 어려울 수 있어요.

그래서 사람들끼리 돈을 모아서 회사를 만들기도 한답니다. 이렇게 돈(투자금)을 내는 사람들을 '주주'라 하고, 투자금에 대한 권리를 나타내는 증서를 '주식'이라고 하지요. 그리고 주주들로부터 투자금을 받아서 만들어진 회사를 '주식회사'라고 해요. 이렇게 만들어진 회사들도 사람과 마찬가지로 세금을 내고 있어요.

세금은 사람들만 내는 것인데, 사람이 아닌 회사가 어떻게 세금을 낼 수 있을까요? 그 이유는 법에서는 회사를 사람으로 보기 때문이에요. 회사는 사람처럼 생명이 있지 않지만, 법에서는 사람으로 취급하기 때문에 회사를 상대로 소송을 할 수도 있고 세금을 내라고 할 수도 있어요. 이렇게 회사가 내는 세금을 법으로 만든 사람이라는 뜻의 '법인'을 붙여서 '법인세'라고 한답니다.

회사는 보통 물건을 팔거나 서비스를 제공해서 돈을 벌어요. 하지만 물건과 서비스를 만들기 위해서 필요한 비용이 만만치 않아요. 예를 들어, 자동차 회사는 자동차를 팔아서 돈을 벌지만, 자동차를 생산하기 위해 직원들을 고용하고 원재료를 사들이는 과정에서 돈이 많이 들어요.

그래서 법인세는 사업소득처럼 회사가 지출한 경비를 빼고 계산해요. 회사가 번 돈에서 경비를 빼 회사의 이익을 구한 다음, 그 이익에 대해서 법인세를 매긴답니다.

만약 자동차 회사가 자동차를 팔아서 1000만 원을 벌었고, 직원들에게 월급을 주고 원재료를 사들이는데 경비 600만 원을 썼다면 회사의 이익은 400만 원이 돼요. 그러면 자동차 회사는 400만 원에 대해서만 법인세를 내면 돼요.

회사는 국가 경제에서 재화와 서비스의 생산이라는 중요한 역할을 담당하고 있어요. 그래서 정부에서는 회사의 경제활동을 활성화하기 위해 법인세로 여러 가지 정책을 펼치고 있어요. 예를 들어, 중소기업의 부담을 덜어주기 위해서 세금을 줄여주기도 하고, 회사에서 직원들을 많이 채용하거나 연구개발에 많은 투자를 하면 세금 혜택을 주기도 하지요.

이렇게 정부는 회사에 여러 가지 세금 혜택을 주기도 하지만, 회사가 세금을 정확하게 내고 있는지도 감시하고 있어요. 왜냐하면 회사가 내는 세금은 정부의 수입 중 많은 부분을 차지하고 있기 때문이에요. 회사가 무서워하는 것 중 하나가 바로 국세청의 '세무조사'라는 거예요.

국세청은 회사가 성실하게 세금을 신고하지 않거나, 회사가 낸 세금이 부족하다고 의심될 때는 해당 회사로 찾아가 장부를 다시 검토해서 정확한 세금을 계산해요. 이때 만약 회사가 덜 낸 세금이 있다면 가산세라는 추가적인 세금을 더 내야 한답니다.

05

영수증에 숨어있는 세금

마트에서 과자를 사거나 식당에서 음식을 먹고 나서 받은 영수증을 본 적 있나요? 영수증을 보면 '부가가치세' 또는 '부가세'라고 적혀 있는 항목이 있을 거예요. 물건이 만들어지면 물건에 대한 가치가 생겨나는데 그 가치에 대한 세금을 '부가가치세'라고 해요.

우리는 재화나 서비스를 구매할 때마다 그 가격의 10%를 부가가치세로 내고 있어요. 소득세와 법인세는 번 돈에 대해 세금을 내는 것이지만, 부가가치세는 재화나 서비스를 구매할 때마다 내는 세금이에요.

우리가 마트에서 1100원짜리 과자를 사면 그중에서 부가가치세는 100원이에요. 우리는 과자 가격을 1100원으로 생각하고 돈을 내지만, 실제로 과자 가격은 1000원이고 100원은 부가가치세인 것이지요. 과자 가격 1000원에서 10%를 곱하면 부가가치세 100원이 나와요. 마트 사장님은 손님들이 낸 부가가치세 100원을 따로 보관하고 있다가 일정 기간마다 국세청에 세금으로 낸답니다.

그런데 돈이 많은 사람에게 과자 가격의 10%는 부담스럽지 않지만, 형편이 어려운 사람에게 과자 가격의 10%는 큰 부담이 될 수 있어요. 예를 들어, 만 원이 있는 사람에게 100원은 적은 돈이지만, 1000원이 있는 사람에게 100원은 큰돈일 수 있어요.

일반적으로 세금은 소득이 많은 사람에게 더 많이 부과돼요. 하지만 부가가치세는 소득에 상관없이 모두 똑같은 10%의 세금을 내기 때문에 불공평하다는 의견도 있어요.

정부에서는 이러한 문제점을 해결하기 위해서 사람들이 살아가는 데 꼭 필요한 생필품에는 부가가치세를 매기지 않고 있어요. 그래서 쌀과 같은 농산물이나 교통비, 병원 진료비처럼 사람들의 일상생활에 꼭 필요한 것을 선별해요. 그런 다음, 이 항목들을 부가가치세

면세 물품으로 지정하고 부가가치세를 매기지 않아요.

물건 가격에 부과되는 세금에는 부가가치세 말고 또 있어요. 바로 '취득세'라는 거예요. 내야 할 세금이 너무 많은 것 아니냐고요? 그렇지만 취득세가 부과되는 물건은 그리 많지 않아요. 토지나 건물 같은 부동산이나 자동차처럼 값비싼 재산을 구매할 때 취득세를 내요.

취득세도 부가가치세처럼 소득과 상관없이 내는 세금이에요. 취득세는 값비싼 재산을 취득할 정도로 돈을 충분하게 가지고 있다면 그 만한 세금을 낼 수 있다고 보고 매기는 세금이에요. 쉽게 말하면,

3000만 원이나 하는 자동차를 살 수 있을 능력이 있는 사람이라면 자동차 가격의 7%인 210만 원의 취득세 정도는 낼 수 있는 능력이 있다고 보는 것이지요.

부가가치세 면세 물품을 더 알아봐요

내가 학원에 다니며 내는 학원비와 서점에서 구매한 책에 대해서는 부가가치세가 매겨지지 않아요. 또 우리가 등교할 때 타는 지하철과 시내버스의 교통비도 부가가치세가 면제돼요. 하지만 여행 갈 때 이용하는 항공권과 KTX 기차표에는 부가가치세가 매겨진답니다. 또 의료비 대부분에는 부가가치세가 면제되지만, 성형수술 비용에는 부가가치세가 매겨져요.

06

부모님이 주신 용돈에도 세금이 붙을까요?

사람들이 재산을 모으는 방법은 다양해요. 열심히 일해서 돈을 벌 수도 있고, 다른 사람에게 재산을 받을 수도 있어요. 다른 사람에게 재산을 받는 것처럼, 내가 일하지 않아도 생긴 소득을 '불로소득'이라 해요.

불로소득의 대표적인 예로는 돌아가신 분의 재산을 물려받는 '상속'과, 다른 사람의 재산을 공짜로 받는 '증여'가 있어요. 상속과 증여는 주로 가족 간에 이루어져요. 이렇게 상속받은 재산에 부과되는 세금을 '상속세'라고 하고, 증여받은 재산에 부과되는 세금을 '증여세'라고 해요.

좀 더 쉽게 얘기하면, 부모님이 자녀들에게 재산을 물려주는 방법은 크게 두 가지가 있어요. 첫 번째는 부모님이 돌아가실 때 남은 재산을 자녀에게 주는 방법, 두 번째는 부모님이 살아계시는 동안 재산 일부를 자녀에게 넘겨주는 방법이지요.

돌아가신 부모님의 남은 재산을 자녀들이 물려받으면 '상속세'를 내고, 부모님이 살아계시는데 자녀가 부모님 재산의 일부를 받게 되면 '증여세'를 내야 하는 것이지요. 즉 상속과 증여는 재산을 주는

사람이 사망했는지, 살아있는지에 따라 구분되는 거랍니다.

　상속세와 증여세에는 모두 최대 50%라는 높은 세율이 적용돼요. 그래서 물려받은 돈의 절반 가까이 세금으로 내야 하는 상황이 생길 수도 있어요. 부모님이 자녀를 위해서 재산을 주는 건데 나라에서는 왜 이렇게 많은 세금을 내라고 하는 것일까요?

　가장 큰 이유는 자녀의 특별한 노력없이 부모의 재산이 자녀에게 전부 대물림되는 것은 정당하지 않다고 보기 때문이에요. 또 상속세나 증여세를 내도록 해서 빈부격차를 줄이기 위한 목적도 있어요. 재산이 많은 사람에게 세금을 많이 걷어서 재산이 적은 사람과의 차이를 줄이는 것이지요.

그렇다면 우리가 받는 용돈도 부모님의 재산을 받는 것이니까 증여세를 내야 할까요? 정답은 '아니다'에요. 우리가 받는 용돈은 금액이 크지 않기 때문에 증여세를 내지 않아요. 하지만 부모님에게 많은 돈을 받으면 증여세를 내야 할 수도 있어요. 어린이가 부모님에게 10년간 2000만 원 넘게 받으면 증여세를 내야 한답니다.

배우자에게 상속이나 증여하는 경우는 어떨까요? 부부 사이의 상속이나 증여는 자녀와는 다르게 세금을 많이 매기지 않아요. 왜냐하면 재산을 모으는 데 배우자가 도움을 준 부분도 있을 테고, 남은 배우자 생활의 안정을 보장하기 위해서예요. 그래서 배우자가 상속받으면 최대 30억 원까지는 세금을 매기지 않고, 증여받으면 최대 6억 원까지 세금을 내지 않아도 된답니다.

07

누진세가 뭐예요?

세금은 어떻게 내야 가장 공평할까요? 모두가 똑같은 금액만큼 세금을 내야 공평하다고 생각할 수도 있고, 소득이 높은 사람이 더 많은 세금을 내야 공평하다고 생각할 수도 있어요.

부가가치세는 물건 가격의 10%에요. 돈이 많은 사람이든 적은 사람이든 자기가 산 물건 가격의 10%만 세금으로 내요. 마트에서 10만 원의 물건을 샀다면 누구나 똑같이 만 원을 부가가치세로 내는 것이지요.

올해 제 연봉이 20억 원인데 소득세가 얼마나 나올까요?

8억 원 정도 세금을 내야 해요. 연봉이 높아서 높은 세율이 적용돼요.

반면, 소득세에는 최소 6%에서 최고 45%의 세율이 적용되어요. 이 말은 돈을 아주 많이 버는 사람들의 경우 번 돈의 45%까지 소득세를 낼 수 있다는 의미예요. 우리나라에서는 1년간 10억 원 넘게 돈을 번 사람에게 10억이 넘는 부분에 대해 45%라는 높은 세율을 적용해요. 그래서 연봉이 높은 유명한 스포츠 선수들은 연봉의 절반 가까이 세금으로 내야 할 때도 있어요.

이처럼, 소득이 높아질수록 세율이 높아지는 세금에는 '누진세'가 적용된다고 해요. 즉 누진세는 세금의 종류가 아니라 세금을 부과하는 방식 중 하나예요. 누진세에서는 소득이 높아질수록 소득에서 세금이 차지하는 비중이 높아져요.

쉽게 말하면, 100만 원을 번 사람은 10%인 10만 원을 세금으로 내고, 200만 원을 번 사람은 20%인 40만 원을 세금으로 내는 방식이에요. 소득이 2배가 되면 세금도 2배가 되는 것이 아니라, 그보다 더 많은 세금을 내야 해요. 소득세와 법인세는 누진세가 적용되는 대표적인 세금이지요.

그렇다면 정부에서는 왜 소득이 높은 사람들에게 더 많은 세금을 걷어 가는 것일까요? 그 이유는 크게 두 가지가 있어요. 먼저, 고소득자는 저소득자보다 군대와 경찰로부터 보호받는 재산이 더 많기도 하고, 공항과 고속도로와 같은 공공시설과 공공서비스를 더 많이 이용해서 세금의 혜택을 많이 받기 때문이에요.

또 고소득자와 저소득자 사이의 소득 불평등을 완화하기 위한 이유도 있어요. 고소득자에게 세금을 많이 걷으면 세금 납부 후의 소득, 즉 세후 소득이 줄어들어서 고소득자와 저소득자 간 소득 차이가 조금 줄어들거든요.

누진세로 세금을 부과하는 것은 공평한 것처럼 보일 수 있어요. 하지만 지나치게 높은 세율은 사람들이 열심히 일하고자 하는 의욕을 꺾는다는 문제도 있어요. 왜냐하면 고소득자의 입장에서는 아무리 돈을 많이 벌어도 세금으로 많이 걷어 가니 열심히 일해서 돈을 벌고 싶은 마음이 줄어들기 때문이에요. 그래서 정부에서도 어느 정도 세율이 적절할지 매년 고민하고 있어요.

그런데 세율이 높으면 정부가 걷어 들이는 세금도 항상 많아질까요? 꼭 그렇다고 할 수는 없어요. 미국의 경제학자 아더 래퍼 교수는 "세율이 높아지면 경제활동이 위축돼 걷어 들이는 세금이 증가하지 않고, 오히려 줄어들 수 있다"라고 주장했어요. 쉽게 말하면, 아주 많은 세금을 내야 하면 아무도 열심히 일하지 않아서 정부에서는 세금을 걷을 수 없다는 말이에요.

08

세금을 절약하는 것과 탈세는 달라요

함께 사는 사회에서 모두가 잘 살아가려면 사람들은 세금을 꼭 내야 해요. 하지만 한편으로는 되도록 세금을 덜 내고 싶어 하기도 하지요. 절세와 탈세는 모두 세금을 줄이는 방법이지만, 개인과 우리 사회에 미치는 영향은 전혀 달라요.

세금에 관한 법을 통틀어서 '세법'이라고 해요. 세법에서는 정책 목적상 세금을 매기지 않거나, 세금을 깎아 주는 경우가 있어요. 예를 들어, 자녀 수가 많거나 주택청약통장을 만들면 소득세 일부를 깎아줘요. 절세는 이러한 세법을 지혜롭게 활용해서 세금을 절약하는 것을 말해요. 즉 법에 어긋나지 않는다는 의미예요.

다른 사례로 부모님이 초등학생 자녀에게 한꺼번에 3000만 원을 준다면 증여세를 내야 해요. 왜냐하면 우리나라 법 상 미성년자 자녀에게 2000만 원이 넘는 돈을 증여하면 증여세를 내야 하거든요.

그렇지만 우선 2000만 원을 주고 나서 나머지 1000만 원은 10년 후에 준다면 어떨까요? 이런 경우에는 증여세를 내지 않아도 돼요. 결과적으로 똑같은 3000만 원을 준 것이라고 할지라도 어떻게 증여

이번에 주택청약통장 만들었어.

세금을 더 아끼고 싶으면 연금저축도 가입해.

하느냐에 따라 세금을 내지 않아도 되는 거예요. 세법을 이용해 절세를 하는 것이지요.

반면, 탈세는 세법을 지키지 않으면서 세금을 안 내는 것이에요. 쉽게 말해, 해서 안 되는 불법인 셈이지요. 예를 들어, 집을 팔고 나서 받은 돈을 다른 사람의 통장으로 받거나, 소득이 있으면서 세금을 내기 싫어서 소득이 없다고 신고하는 것은 탈세 행위에 해당해요. 또 영수증을 조작해서 세금을 줄이는 것도 심각한 탈세 행위이지요.

탈세는 성실하게 세금을 내는 다른 사람들에게 피해를 줄 뿐만 아니라, 국가 재정을 취약하게 만들어요. 그래서 국세청에서는 탈세 행위를 엄격하게 금지하고 있어요.

세무공무원이 세금을 내지 않는 사람들의 집에 찾아가서 숨겨놓

은 현금이나 금괴를 찾는 뉴스를 본 적 있을 거예요. 만약 탈세 행위가 적발되면 세금을 부과하고 엄격하게 처벌하고 있답니다.

그렇다면 절세도 할 수 있고 탈세도 막을 방법이 어디 없을까요? 현금영수증을 이용하는 것이 바로 그 방법이에요. 현금영수증은 소비자가 신용카드가 아닌 현금으로 물건을 구매했을 때 가게에서 발급해 주는 영수증을 말해요. 우리나라는 2005년 1월 1일부터 세계 최초로 현금영수증 제도를 시행했어요.

현금영수증으로 어떻게 절세를 할 수 있을까요? 1년 동안 현금영수증을 발급받은 금액이 일정 수준을 넘으면 그동안 낸 세금을 일부분 돌려받을 수 있어요. 심지어 어린이들도 현금영수증 카드나 전화번호로 현금영수증을 발급받을 수 있답니다.

자녀가 현금영수증을 받으면 나중에 부모님이 세금을 돌려받을 수 있어요. 이렇게 현금영수증을 절세의 수단으로 지혜롭게 활용할 수 있지요.

현금 영수증은 탈세를 예방하기도 해요. 현금으로 물건을 사고판 뒤 영수증으로 기록을 남기지 않으면 판매자는 얼마만큼 물건을 팔았는지 알기 어려워요. 국세청에서도 판매자의 정확한 소득을 파악하기 어려워 세금을 부과하는 데 어려움을 겪지요.

쉽게 말해, 판매자가 실제로 번 돈보다 적게 신고해 탈세를 시도하더라도 국세청에서 이를 확인하기 어려울 수 있다는 의미예요. 하지만 현금영수증을 발급하면 판매자가 얼마만큼 돈을 벌었는지 국세청에

서 정확하게 알 수 있어서 탈세를 예방할 수 있게 되는 것이지요.

세금은 정말 복잡하고 어려워서 절세했다고 생각한 것이 탈세로 인정돼 처벌받는 경우도 종종 생겨요. 그래서 세금 문제를 전문적으로 해결해 주는 직업도 있어요. 회계사와 세무사는 복잡한 세법을 분석해서 사람들이 합법적으로 세금을 줄일 방법을 알려주는 일을 한답니다.

읽을거리

고액·상습 체납자를 공개합니다!

세금을 내야 할 시기로부터 1년이 지나고 그 금액이 2억 원 이상인 사람들을 고액·상습 체납자라고 해요. 국세청에서는 세금 납부를 유도하기 위해 2004년부터 고액·상습 체납자 명단을 국세청 홈페이지에 공개하고 있어요. 2023년 국세청 발표에 따르면, 우리나라에 체납자는 7966명이 있고, 총 체납액은 무려 5조 1313억 원이라고 해요.

09

아빠, 엄마!
내가 세금 줄여 줄게요

부모님이 냈던 세금을 돌려받았다거나, 세금을 추가로 더 냈다고 말씀하시는 것을 들어본 적 있나요? 이런 이야기는 주로 새해에 하실 텐데요. 부모님은 연말정산에 관해 이야기하신 거예요.

우리는 회사에 다니는 사람들이 매달 소득세를 떼고 월급을 받는다고 배웠어요. 그런데 매달 원천 징수한 소득세는 사실 정확하게 계산된 세금이 아니에요. 왜냐하면 1년 동안 이 사람의 소득이 얼마일지 추측한 뒤 어림으로 계산한 것이거든요.

사람들이 내야 할 소득세는 1년간 받은 소득이 얼마인지 정확하게 알아야 알맞게 계산할 수 있어서 한 해가 끝나야 확실하게 알 수 있어요. 즉 평소에 내는 소득세가 원래 내야 할 세금보다 많을 수도 있고, 적을 수도 있지요.

그래서 1년 동안 받은 소득에 대한 정확한 소득세와 매달 원천 징수된 소득세를 합한 금액을 비교하는 과정이 필요해요. 그동안 세금을 많이 냈다면 돌려받고 적게 냈다면 그만큼 추가로 더 내야 하지요. 이러한 과정을 '연말정산'이라고 한답니다.

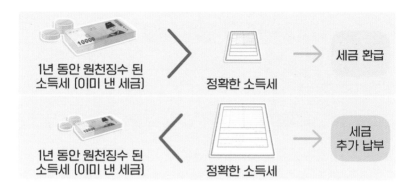

하지만 똑같은 월급을 받고 매월 똑같은 소득세를 냈다고 하더라도 연말정산에서 서로 다른 결과가 나타날 수 있어요. 왜냐하면 연말정산은 내가 돌보는 가족이 얼마나 많은지, 현금영수증을 얼마나 썼는지, 신용카드와 체크카드는 얼마나 썼는지, 보험료나 의료비, 교육비 등으로 사용한 금액은 얼마인지에 따라 달라지거든요.

연말정산에서 세금을 줄이는 방식에는 소득공제와 세액공제 두 가지 방식이 있어요. 소득공제는 소득공제 금액에 소득세율을 곱한 것만큼 세금이 줄어들고, 세액공제는 해당하는 금액만큼 바로 세금이 줄어드는 것을 말해요.

우리는 부모님의 세금을 줄이는 데 도움을 주고 있어요. 그렇다면 과연 얼마만큼 줄이고 있을까요?

먼저, 초등학생 자녀는 부모님의 부양가족으로 등록되어 있어서 150만 원만큼 소득공제를 받아요. 또 자녀 세액공제를 15만 원 이상 받을 수 있고, 학교에서 하는 방과 후 프로그램의 수업료나 현장체험학습비를 냈다면 부모님은 교육비 일부를 세액공제로 돌려받을 수 있어요. 그런데 아쉽게도 내가 다니고 있는 영어학원이나 수학학원의 학원비는 교육비 세액공제를 받을 수 없어요.

또 내가 용돈을 쓸 때 가게에서 현금영수증을 발급받으면 부모님이 소득공제를 받아서 세금이 줄어든다는 것을 지난번에 배웠어요. 그리고 부모님이 나를 위해 낸 보험료와 의료비 중 일정 금액도 세액공제가 가능하답니다.

사람들이 처한 상황을 고려해 세금을 정확하게 거두기 위해서 정부에서는 복잡하더라도 연말정산을 매년 실시해요. 그런데 연말정산 한 번으로 세금을 걷으면 편할 텐데 왜 매달 원천징수를 하고 다시 연말정산을 하는 것일까요?

그 이유는 원천징수가 납세자와 정부 모두에게 이점이 있기 때문이에요. 납세자 입장에서는 연말에 한꺼번에 많은 세금을 내는 것보다 매달 조금씩 나눠서 내는 것이 덜 부담스러워요. 정부 입장에서는 연말까지 기다리지 않고 세금을 매월 걷어서 당장 필요한 곳에 바로바로 쓸 수 있는 장점이 있어요.

10

전기세는 세금이 아니에요!

집안에서 텔레비전 전원이나 거실 전등을 켜놓으면 부모님이 전기세가 많이 나온다고 말씀하실 때가 있지 않나요? 또 매년 여름, 에어컨을 많이 틀면 전기세 폭탄이 떨어진다고 뉴스에서 보도하는 장면을 자주 볼 수 있어요. 그렇다면 전기세는 '세'로 끝나니까 정말 세금일까요? 아니에요. 전기세는 세금이 아니라 요금이랍니다.

세금은 세법에서 정한 조건을 만족하면 누구나 내야하고 국가에서 공익을 목적으로 강제로 징수하는 것이라고 배웠어요. 그래서 경찰서의 치안 서비스, 소방서의 소방 서비스를 이용하지 않을 테니 세금을 내지 않겠다고 우길 수 없어요. 반대로 도서관을 자주 이용하거나 공원에서 산책을 많이 한다고 해서 세금을 더 내라고 하지도 않아요.

반면, 전기 요금은 내가 전기를 얼마만큼 사용했는지에 따라서 내야 할 금액이 달라져요. 전기를 많이 쓰면 많이 내고, 적게 쓰면 적게 내요. 만약 해외여행을 가서 오랫동안 집을 비우면 전기 요금이 거의 나오지 않을 수도 있어요. 전기 요금은 우리가 재화와 서비스를 살 때 내는 비용과 같아요. 전기를 구입한 대가로 전기 요금을 내는 것이지요. 그래서 재화와 서비스를 구입할 때 부가가치세가 붙는 것처럼 전기 요금에도 부가가치세가 붙는답니다.

세금과 전기 요금에는 공통점이 있어요. 전기 요금은 정부에서 만든 공기업인 한국전력공사에 납부하고, 세금은 국세청에 납부해요. 두 기관 모두 정부의 일부분이라고 볼 수 있지요.

또 우리는 소득세와 법인세에 누진세가 적용된다는 것을 배웠어요. 전기 요금도 마찬가지로 전기를 많이 쓸수록 전기 요금이 더 비싸지는 구조예요. 그래서 전기 사용량이 많으면 생각보다 훨씬 많은 전기 요금이 나오게 되는 것이지요. 이렇게 전기 요금은 세금과 비슷한 성격을 가지고 있어서 많은 사람이 세금으로 오해한답니다.

수도 요금, 전화 요금도 물을 사용하거나 통화를 한 만큼 그 대가를 지급해요. 그래서 전기 요금과 마찬가지로 수도세나 전화세로 말하면 잘못된 표현이 된답니다.

조세 피난처

전 세계 일부 국가에서는 국민에게 세금을 전혀 부과하지 않거나 아주 낮은 세율로 세금을 부과해요. 그래서 세금을 피하기 위한 목적으로 이런 나라들로 회사를 옮기거나 이민을 하는 사람들이 생겨났어요. 이런 곳을 세금을 피해서 가는 곳이라고 해서 조세 피난처라고 불러요.

창문세

1696년 영국에서는 집에 있는 창문 개수에 따라 세금을 부과했어요. 창문이 많이 있으면 집이 클 것이고 따라서 재산이나 소득도 높을 것이라는 인식 때문이었지요. 그러자 사람들이 너도나도 창문을 없애버리는 부작용이 나타났고, 결국 창문세는 150년 후에 폐지되었답니다.

초등학교 교육과정 연계 내용

[6-1 사회] 바람직한 경제활동의 모습

5
교시

재미있는
경제 용어

01

치킨게임

치킨게임chicken game을 우리말로 표현하면 '겁쟁이 게임'이라고
할 수 있어요. 영어 chicken에는 닭이라는 의미도 있지만 겁쟁이라
는 의미도 있거든요.

1950년대 미국의 일부 청년들은 자신이 용감하다는 것을 뽐내
기 위해서 자동차를 타고 양쪽 도로에서 마주 보고 달리는 놀이를

즐겼어요. 이 때, 무서워서 먼저 피하는 사람을 'chicken'이라고 놀리는 데서 치킨게임이 유래되었어요.

치킨게임에서는 나의 선택도 중요하지만, 상대방의 선택도 중요해요. 상대방이 돌진할 거라고 예상되면 피해야 하고, 피할 거라고 예상되면 돌진해야 하기 때문이에요. 그래서 상대방에게 내가 돌진할 거라는 신호를 강력하게 주는 것이 이 게임에서 이길 가능성이 크지요.

경제시장에서 기업들도 시장점유율을 높이기 위해 치킨게임을 해요. 시장점유율이란 시장에서 팔린 물건 중 우리 기업의 물건이 차지하는 비율을 말해요. 예를 들어, 소비자들이 총 10개의 노트북을 구매했는데 그중 5개가 우리 기업의 노트북이면 시장점유율은 50%라고 표현해요. 기업이 이익을 많이 내기 위해서는 시장점유율을 높이는 것이 중요해요.

경쟁기업이 줄어들면 소비자들이 우리 기업의 물건을 사게 될 테니 시장점유율이 올라가요. 그래서 기업들은 서로를 이기기 위해서 가격경쟁을 시작해요. 바로 우리 회사의 물건 가격을 내리는 것이지요. 그럼 경쟁기업도 고객을 뺏기지 않기 위해 어쩔 수 없이 뒤따라 물건 가격을 내리게 돼요.

하지만 기업들이 서로 가격 내리기 경쟁을 하다보면 어느 순간부터 손해를 보는 기업들이 생겨나기 시작해요. 물건을 만드는 데 들어가는 비용보다 판매 가격이 더 낮아지게 되기 때문이지요. 결국 돈이 많거나 기술이 좋은 회사들은 살아남고, 그렇지 못한 회사들은 문을 닫게 돼요.

가격경쟁에서 살아남은 기업들은 시장점유율도 높아지고 물건 가격도 원래대로 올리면서 이전보다 더 많은 이익을 얻는 보상을 받게 돼요. 이처럼 경제에서는 손해를 감수하면서까지 극단적으로 경쟁하는 상황을 '치킨게임'이라고 비유적으로 표현한답니다.

실제로 반도체를 만드는 기업들 사이에서 치킨게임이 자주 벌어져요. 노트북, 휴대폰, 자동차 등 현대 사회에 필수적인 물건에는 대부분 반도체가 필요해요. 그래서 반도체를 '산업의 쌀'이라고 부르고 있지요. 한국을 비롯해 미국, 중국, 대만 등 각 나라에서 반도체를 만드는 기업들은 지금도 반도체 시장의 시장점유율을 확보하기 위해 치열하게 치킨게임을 하고 있어요.

02

펭귄효과

남극에는 귀여운 펭귄들이 살고 있어요. 펭귄들의 습성 중 하나는 먹이를 구하러 바다로 뛰어들 때 쉽게 뛰어들지 못하고 망설인다는 거예요. 왜냐하면 눈에는 보이지 않지만, 바닷속에는 펭귄을 잡아먹는 무시무시한 범고래나 바다표범이 있기 때문이에요.

그러다가 어떤 펭귄이 처음으로 용기를 내서 바다로 뛰어들면 나머지 펭귄들도 뒤따라서 바닷속으로 뛰어들어요. 이때 용감한 첫 번

째 펭귄을 '퍼스트first 펭귄'이라고 불러요. 그리고 퍼스트 펭귄의 바로 뒤에 뛰어드는 펭귄을 '패스트 팔로워fast follower'라고 하지요.

사람들은 새로운 제품이 나오면 그 기능을 정확하게 몰라서 살지 말지 망설여요. 신제품을 사용해 보지 않아서 어떤 기능이 있는지, 정말 좋은 제품인지 잘 모르기 때문이에요. 마치 펭귄이 바닷속으로 뛰어들기 전 망설이는 모습과 비슷하지 않나요?

사람들은 새로운 물건을 살지 말지 고민하다가 다른 사람들의 구매 후기를 확인하거나 주변 사람들에게 물어본 뒤 제품이 좋다는 확신이 들면 구매해요. 이처럼 다른 사람들이 물건을 구매하기 시작하면 뒤따라서 사는 현상을 '펭귄효과'라고 합니다. 친구들이 가진 물건을 따라 사는 것도 일종의 펭귄효과라고 할 수 있지요.

기업들도 마찬가지예요. 새로운 제품을 만들기 위해서는 돈이 많이 들어요. 그런데 그 제품이 잘 팔릴지 확신할 수 없어서 신제품 개발을 망설이게 되지요. 그러다가 어느 한 기업이 새로운 제품을 만들어서 팔기 시작하고 인기가 많아지면 재빠르게 다른 기업들도 그 제품을 따라서 만들기 시작하는 경우가 많아요.

먼저 신제품을 개발한 기업은 퍼스트 펭귄이에요. 손해를 볼 위험이 있지만 제품이 잘 팔리면 막대한 이익을 얻을 수 있어요. 신제품을 재빠르게 따라서 만드는 기업들은 패스트 팔로워예요. 손해를 보지는 않지만 그만큼 이익도 크게 얻을 수 없지요.

퍼스트 펭귄과 패스트 팔로워에는 어떤 의미가 있을까요? 먼저 퍼스트 펭귄은 위험한 상황임에도 용기를 내 먼저 도전한 용감한 펭귄이에요. 한 기업이 독창적인 아이디어나 제품으로 새로운 시장을 개척하면 다른 기업들도 뒤따라서 진출할 수 있게 되지요. 우리에게 '실패를 두려워하지 않는 도전정신이 중요하다'라는 교훈을 주고 있어요.

패스트 팔로워는 위험을 최소화하는 전략을 사용해요. 첫 번째로 뛰어든 펭귄이 범고래에 잡아먹힐 수도 있듯이, 새로운 제품이 잘 팔리지 않으면 첫 번째 기업은 손해를 볼 수 있어요. 패스트 팔로워는 이런 위험을 부담하지 않는 전략을 사용하는 것이지요.

03

승자의 저주

친구들과 내기하거나 게임을 해서 이기면 짜릿한 승리의 기쁨을 누릴 수 있어요. 우리는 경쟁에서 이기면 승자가 되고, 지면 패자가 돼요. 그리고 승자에게는 그에 합당한 보상이 주어지지요. 하지만 때로는 경쟁에서 이겼지만, 오히려 손해를 보는 경우가 생기기도 해요. 이러한 경우를 '승자의 저주'라고 해요.

예를 들어, 친구들과 집 근처에서 시작해 아주 멀리까지 달리기 시합을 한다고 생각해 보아요. 빠르게 뛰어서 목적지까지 가장 먼저 도착하면 달리기 시합에서 이기게 돼요. 하지만 승자에게는 승리의 기쁨도 잠시뿐, 승자의 저주가 기다리고 있어요.

승자는 아주 멀리까지 뛰어갔기 때문에 결국은 힘들게 다시 집으로 걸어와야 해요. 반면 패자는 경쟁에서 졌지만, 집에서 멀리 가지 않았기 때문에 금방 돌아와서 쉴 수 있어요. 즉 승자는 경쟁에서 이겼지만 오히려 손해를 보는 승자의 저주에 걸린 것이지요.

경제시장에서도 종종 승자의 저주가 발생해요. 경매에서는 사람들이 서로 물건을 낙찰받기 위해서 경쟁적으로 가격을 높여 불러요.
낙찰이란 경매에서 이겨서 물건을 차지하게 되는 것을 말해요. 경매
에서는 가격을 가장 높이 부른 사람이 물건을 낙찰받게 돼요. 그리
고 물건을 가지는 대가로 자신이 제시한 가격을 지급하게 되지요.

물건을 낙찰받은 사람은 경매에서 승자가 되었으니 항상 그에 대
한 보상이 따를까요? 경매에서도 승자의 저주가 발생할 수 있어요.
예를 들어, 미술품이나 골동품의 경우에는 일반 사람들이 실제 가치
를 정확하게 알기 어려워요. 그래서 무턱대고 높은 가격을 제시해서
물건을 낙찰받으면 경매에서는 이겼다고 볼 수 있지만 오히려 손해
를 볼 수 있게 되는 것이지요.

04

네덜란드병

한 소년이 제방에 난 구멍을 막기 위해 주먹으로 밤새 둑을 막아 마을 사람들을 구했다는 이야기로 유명한 네덜란드는 오늘날 세계 경제 대국 중 하나예요. 네덜란드는 세계에서 가장 큰 항구 중 하나인 로테르담 항구를 가지고 있어서 예전부터 무역업이 크게 발달했어요.

하지만 네덜란드도 경제적 어려움을 겪은 시기가 있었어요. 바로 1959년 네덜란드 근처의 바다에서 천연가스가 발견되면서부터였지요. 천연가스가 발견되면 돈을 더 많이 벌 수 있게 되니 경제가 좋아질 텐데 오히려 경제적 어려움을 겪었다니 도대체 네덜란드에 무슨 일이 있었던 것일까요?

처음에는 천연가스로 매년 수십억 달러를 벌어들였지만 시간이 지날수록 천연가스로 벌어들인 막대한 돈이 네덜란드 전체의 물가를 상승시켰어요. 그러자 네덜란드에서 생산한 제품의 가격은 비싸졌고, 외국으로 수출도 잘되지 않는 문제가 발생했지요.

또 근로자들이 물가가 올랐으니 월급도 올려달라고 시위하자 네덜란드 정부와 기업은 곤란한 상황에 빠졌어요. 결국 네덜란드는 천연가스를 제외한 나머지 산업에서 경쟁력을 잃고 말았지요. 이처럼 자원이 개발된 이후 오히려 해당 국가의 경제가 안 좋아지는 현상을 '네덜란드병' 또는 '자원의 저주'라고 부른답니다.

이후 네덜란드는 사회적 합의와 기술 혁신으로 경제 침체를 극복하고 다시 성장할 수 있었어요. 하지만 베네수엘라처럼 여전히 경제 상황이 어려운 나라들도 있어요. 베네수엘라는 석유가 많이 생산되는 나라 중 하나에요. 그런데 석유로 벌어들인 돈을 경제 성장을 위해 쓰지 않고 국민의 복지에만 사용했어요. 결국 석유 가격이 하락하자 베네수엘라는 회복하기 힘든 최악의 경제 상황을 맞이하게 되었어요.

반대로, 천연자원을 잘 활용해서 경제를 발전시킨 나라도 있어요. 1971년 노르웨이는 근처 바닷가에서 석유를 발견하게 되었어요. 네덜란드와 마찬가지로 엄청난 돈을 벌었지만, 노르웨이는 석유를 팔아서 번 돈을 사용하지 않고 모아두었다가 교육과 기술개발 등 미래를 위해 투자했어요. 석유가 고갈되었을 때를 대비해서 벌어들인 돈을 미래를 위한 투자금으로 사용한 셈이지요. 이렇듯 노르웨이의 현명한 판단은 노르웨이를 더욱 부유한 나라로 성장시켰어요. 노르웨이처럼 천연자원이 경제를 더욱 성장하게 만드는 경우를 '자원의 축복'이라고 해요.

이처럼 자원을 어떻게 사용하냐에 따라 자원의 저주가 될 수도 있고 자원의 축복이 될 수도 있어요. 막대한 돈을 벌더라도 결국엔 그 돈을 어떻게 사용하느냐가 중요하다는 교훈을 주고 있답니다.

05

코브라 효과

19세기에 영국이 인도를 통치하던 시절이었어요. 당시 인도 전역에는 맹독성인 코브라가 많이 서식했어요. 그런데 코브라가 사람과 가축을 물어 죽여서 사회적으로 골치 아픈 상황이었지요.

이 문제를 어떻게 해결할지 고민에 빠진 영국 총독부는 한 가지 대책을 내놓게 돼요. 바로 코브라를 잡아 오는 사람에게 포상금을 지급하겠다는 것이었어요. 이 소식을 들은 인도 사람들은 코브라를 사냥해서 사체를 제출하고 포상금을 받았지요.

결과는 어땠을까요? 처음에는 대성공이었어요. 코브라의 개체 수가 점점 줄어들면서 코브라에게 물려 죽는 피해 건수도 줄어들게 되었답니다. 이에 영국 총독부는 코브라를 없애는 데 긴 시간이 걸리지 않을 거라고 생각했어요.

하지만 어느 날부터인가 이상한 일이 벌어지기 시작했어요. 코브라를 사냥해서 포상금을 받아 가는 사람들은 늘었는데, 코브라의 개체 수도 덩달아 늘어가기 시작한 것이지요.

영국 총독부는 이를 이상하게 여겨 조사에 돌입했어요. 그랬더니 놀랍게도 사람들이 인도 곳곳에 농장을 만들어 코브라를 사육하고 있었던 거예요. 야생 코브라를 잡는 것이 아니라, 오히려 코브라를 직접 키워서 포상금을 받고 있었던 것이지요.

코브라를 직접 키우는 것은 야생 코브라를 잡으러 다니는 것보다 안전하기도 하고 사육 비용도 그리 많이 들지 않았어요. 또 야생 코브라를 전부 잡아 버리면 더 이상 영국 총독부로부터 포상금을 받을 수 없으니 인도 사람들이 머리를 쓴 것이지요.

처음에는 코브라를 포획해 주민들이 안전하게 살게 하려고 시행한 건데 사람들이 이를 악용하니 결국 영국 총독부는 포상금 제도를 폐지했어요. 그러자 이제 더 이상 돈을 벌지 못하게 된 코브라 농장 주인들

은 코브라를 야생에 무단으로 풀어 버렸어요. 그 결과 코브라는 이전보다 더 많아졌고, 사람과 가축의 피해도 늘어나게 되었어요.

이처럼 문제를 해결하려고 내놓은 대책이 오히려 문제를 더 악화시키거나 예상치 못한 역효과를 가져오는 현상을 '코브라 효과'라고 해요. 코브라 효과가 우리에게 주는 교훈은 어떤 문제를 해결할 때 단편적인 부분만 보는 것이 아니라 여러 가지 가능성을 고려해서 신중하게 진행해야 한다는 점이에요.

만약 영국 총독부가 '코브라 사냥에 포상금을 걸면 코브라가 줄어들겠지'라는 단순한 생각이 아니라, 사람들이 제도를 악용할 가능성도 함께 생각했다면 결과는 달라졌을 거예요. 예를 들어, 코브라를 사육하면 처벌한다는 법을 만들고 포상금을 지급했다면 처음 의도대로 코브라의 수를 줄일 수 있지 않았을까요?

06

역선택

여러 가지 중에서 하나를 고르는 것을 선택이라고 해요. 일반적으로 사람들은 자신에게 가장 유리한 선택을 하지만, 정보가 부족하면 때로는 불리한 선택을 하기도 해요. 이처럼 부족한 정보로 인해 불리한 선택을 하는 것을 경제학에서는 '역선택'이라고 한답니다.

우리는 마트에 가서 물건을 구매할 때 어떤 성능이 있는지, 가격은 적당한지 모두 따져볼 수 있어요. 그 물건에 대한 정보를 충분히 알기 때문에 그 물건의 가치보다 더 많은 돈을 주고 사지 않아요. 즉 역선택이 발생하지 않는 것이지요.

그러나 구매자가 제품에 대한 정보를 충분히 알지 못하면 역선택이 발생하기도 해요. 예를 들어, 공장에서 막 나온 새 자동차의 품질은 구매자가 알 수 있지만, 중고 자동차의 품질은 구매자가 알기 어려워요.

왜냐하면 구매자는 자동차 전문가가 아니기 때문이에요. 그래서 그 중고 자동차가 얼마나 오래되었는지, 고장이 잘 나진 않는지, 또 사고가 난 적은 없는지 등 세세한 내용을 알기 어렵지요. 반면, 판매자는 이미 중고 자동차의 품질을 충분히 알고 있어요.

이런 상황에서 중고 자동차가 평균적으로 500만 원에 팔리고 있다면, 구매자는 500만 원 이상의 돈을 주고 중고 자동차를 구매하려고 하지 않을 거예요. 중고 자동차에 대한 정보를 정확하게 알 수 없으니 판매자가 아무리 성능이 좋다고 설명하더라도 확신을 가질 수 없기 때문이에요.

반면, 판매자는 다양한 품질의 중고 자동차를 품질에 따라서 가격을 다르게 받고 싶어 해요. 품질이 좋은 자동차는 600만 원에, 품질이 낮은 자동차는 400만 원에 팔려고 하지요. 하지만 구매자들이 중고 자동차를 사는데 500만 원 이상 내려고 하지 않아서 품질이 좋은 중고 자동차는 팔리지 않을 거예요.

　결국 품질이 좋은 중고 자동차는 거래되지 않고, 품질이 낮은 중고 자동차만 500만 원에 거래되는 현상이 발생하게 되지요. 즉 구매자는 400만 원의 가치밖에 없는 중고 자동차를 500만 원에 사게 되는 역선택을 하게 된답니다.

　이처럼 경제시장에서 판매자와 구매자 중 어느 한쪽이 충분한 정보를 갖고 있지 못할 때 역선택이 발생할 가능성이 커져요. 그렇다면 역선택을 해결할 방법은 없을까요? 더 많은 정보를 가진 쪽에서 상대방에게 정확하고 충분한 정보를 제공하면 이 문제를 해결할 수 있어요.

예를 들어, 판매자가 물건에 대한 품질보증서를 발급한다거나 정부에서 허위·과장광고에 대해서 엄격히 단속하면 역선택 문제를 어느 정도 해결할 수 있답니다.

07

도덕적 해이

우리는 규범이나 규칙을 지키지 않는 것을 '도덕적이지 않다'라고 해요. 그리고 풀어지거나 느슨한 상태를 '해이하다'라고 하지요. 이 두 가지 말을 결합한 '도덕적 해이'는 법이나 제도의 허점을 이용해 바람직하지 않은 행동을 하는 것을 말해요.

도덕적 해이의 대표적인 사례로 보험 가입을 들 수 있어요. 건물 주인은 평소에 자신의 건물에 불이 날까 봐 꾸준히 소방 점검을 하고, 소화기를 곳곳에 비치해서 예상치 못한 화재에 대비해요.

하지만 화재보험에 가입한 이후 건물 주인의 태도는 달라질 수 있어요. 만약 건물에 불이 나더라도 보험회사에서 손해를 보상해 주기 때문에 소방 점검을 잘 안 하게 될 가능성이 커져요.

보험회사에서 건물 주인이 화재 예방을 소홀히 하는 것을 알게 되면 보험료를 더 올려서 받을 거예요. 하지만 보험회사에서 건물 주인의 행동을 일일이 감시하는 것은 불가능해요. 즉 보험회사에서는 건물 주인의 '감추어진 행동'에 대한 정보를 충분히 알 수 없게 되는 것이지요.

다른 사례도 있어요. 부모님이 게임기를 사주시면 하루에 30분만 게임하고 공부를 더 열심히 하겠다고 약속했지만, 정작 게임기를 산 뒤에는 공부를 소홀히 하는 것도 도덕적 해이라고 할 수 있어요. 부모님이 외출하신 시간에 몰래 게임하면 우리의 '감추어진 행동'을 부모님은 알 수 없지만, 그것은 바람직하지 않은 행동이기 때문이에요.

이처럼 도덕적 해이도 역선택처럼 정보의 불균형 때문에 발생해요. 다만 다른 점이 있다면 도덕적 해이는 정보를 가진 쪽에서 발생하고, 역선택은 정보를 갖고 있지 않은 쪽에서 발생해요.

화재보험에서는 더 많은 정보를 가진 건물 주인에게서 도덕적 해이가 발생하는 반면, 중고 자동차 시장에서는 정보가 부족한 구매자가 역선택을 했다는 걸 생각해 보면 이해가 더 잘될 거예요.

　보험회사도 보험 가입자들이 보험에 가입한 이후에 도덕적 해이가 발생한다는 것을 알고 있어요. 그래서 보험회사 측에서 손해 전부를 보장하지 않고 일정 부분은 보험 가입자들이 부담하게 한다든지, 보험금 지급 조건을 강화해서 보험 가입자들의 도덕적 해이를 예방하려고 노력하고 있답니다.

08

무임승차자

우리는 버스나 지하철을 탈 때 교통 요금을 내야 해요. 하지만 가끔 요금을 내지 않고 몰래 타는 사람들이 있어요. 이처럼 정당한 대가를 내지 않으면서 재화나 서비스에서 오는 이익만 누리는 사람들을 '무임승차자'라고 해요.

무임승차 문제는 공공재에서 많이 발생해요. 공공재란 모든 사람이 공동으로 자유롭게 이용할 수 있는 재화와 서비스를 말해요. 국방 서비스, 경찰서, 소방서, 공원, 도로 등 공공재는 우리 주변에서 흔히 볼 수 있어요.

대부분의 공공재는 대가를 치르지 않고 사용하는 것을 막을 수 없고, 다른 사람이 사용해도 그 양이 줄지 않는다는 특성이 있어요.

예를 들어, 누군가가 돈을 들여 가로등을 설치해서 어두운 길을 밝힌다면 돈을 내지 않은 사람이 그 혜택을 보는 것을 막을 수 없어요. 또 사람들이 가로등이 설치된 길을 자주 지나간다고 해서 다음 사람이 쓰는 가로등 불빛이 줄어들지 않아요. 그래서 가로등은 공공재의 특성이 있다고 말해요.

이러한 공공재의 특성 때문에 일부 사람들은 자신의 생각을 숨기고 재화와 서비스에서 오는 이익만 누리기 위해 무임승차자가 돼요. 예를 들어, 마을에서 돈을 모아서 가로등을 설치하기로 했다고 생각해 보아요. 가로등을 설치하는데 60만 원이 들고 마을 사람이 6명이라면, 각자 10만 원씩 내는 것이 합리적이에요.

하지만 가로등 설치가 마을에 꼭 필요한 것인데도 불구하고 반대하는 사람들이 생길 수 있어요. 왜냐하면 본인이 가로등 설치 비용을 부담하지 않더라도 다른 사람들이 돈을 내서 설치할 거라고 생각하기 때문이에요. 사실 속으로는 가로등이 필요하다고 생각하지

만, 돈을 내기 싫어서 거짓말을 하는 것이지요.

결국 가로등 설치를 반대하는 사람이 2명이라면, 나머지 4명이 15만 원씩 부담해서 가로등을 설치하게 될 거예요. 하지만 정작 가로등이 설치되면 반대했던 2명도 가로등을 이용할 수 있어요. 왜냐하면 가로등이 설치된 길을 지나가는 것을 막을 수 없기 때문이에요. 이때 2명의 무임승차자가 발생했다고 말한답니다.

그렇다면 무임승차 문제를 해결하는 방법은 없을까요? 지난번에 배웠던 세금으로 해결할 수 있어요. 마을 사람들의 자유에 맡겨두면 무임승차 문제 때문에 가로등이 설치되지 않거나, 필요한 양보다 적게 설치될 거예요. 그래서 정부가 모두에게 공평하게 세금을 걷어서 그

세금으로 가로등을 설치한다면 무임승차 문제가 발생하지 않아요.

　우리 주변에도 무임승차자가 있을까요? 학교에서 모둠 활동하면 열심히 참여하는 친구들도 있고, 그저 놀고 있는 친구들도 있어요. 이때 놀고 있는 친구는 모둠 활동을 다 했을 때의 보상은 받으면서 함께 과제를 수행하지는 않았기 때문에 무임승차자라고 부를 수 있겠지요.

09

정부실패와 시장실패

애덤 스미스는 시장에 맡겨두면 자원이 자연스럽게 필요한 곳으로 흘러간다고 말했어요. 즉 정부가 시장에 개입하지 않아도 보이지 않는 손에 따라 사람들이 필요한 양만큼의 재화와 서비스를 생산하고 소비한다는 것이지요.

하지만 가끔 보이지 않는 손이 정상적으로 작동되지 않을 때가 있어요. 사람들이 필요한 재화와 서비스의 양보다 더 많이 생산되거나 적게 생산되는 것이지요. 이렇게 시장에 자유롭게 맡겨둘 때 자원이 효율적으로 배분되지 못하는 것을 '시장실패'라고 해요.

예를 들어, 공장을 가동하면 이산화탄소와 폐수 등 오염물질이 배출되어 환경이 오염돼요. 또 독점기업이 있으면 사람들이 필요한 재화나 서비스의 양보다 적게 공급되고 가격은 더 높아지는 문제가 발생해요. 이는 모두 시장실패의 사례들이에요.

이런 문제들을 시장에만 맡겨두면 시장은 스스로 해결할 수 없어요. 그래서 정부가 나서서 환경오염을 일으키는 공장에 대해서 세

금을 부과하거나 오염배출권을 사도록 해서 정해진 한도 내에서만 오염물질을 배출할 수 있도록 제한해요.

독점기업에 대해서는 정부가 독점을 규제하는 법을 만들고, 새로운 기업이 진출해서 기업끼리 서로 경쟁할 수 있는 환경을 만들어줘요.

다른 방법으로 독점기업을 정부에서 운영하는 경우도 있어요. 정부에서 독점기업을 운영하는 대표적인 사례로는 한국전력공사나 한국철도공사 등이 있어요. 전기와 철도는 사람들의 생활에 꼭 필요한 재화와 서비스예요. 그런데 이를 시장에 맡겨두면 필요한 양보다 적게 공급되거나 가격이 지나치게 높아서 사람들이 피해를 볼 수 있어요. 그래서 이를 방지하기 위해 정부에서 직접 운영하는 것이지요.

이처럼 시장실패가 발생하면 정부가 나서서 문제를 해결해요. 그렇다면 정부가 나서면 항상 문제가 해결될까요? 그건 아니에요. 정부도 항상 완벽하지 않고 모든 정보를 갖고 있지 않기 때문이에요. 심지어 시장실패에서 발생한 문제를 더 악화시킬 때도 있어요. 정부가 시장실패를 바로 잡지 못하거나 문제를 더 악화시키는 것을 '정부실패'라고 해요.

정부실패의 사례로는 18세기 프랑스의 우유 사건이 유명해요. 프랑스 정부는 식량난을 해결하기 위해 우유 가격을 통제했어요. 우유 판매자들에게 가격을 낮추게 하고 만약 이를 어기면 강하게 처벌했지요. 그 결과, 처음에는 우유 가격이 잠시 내려갔지만, 나중에는 우유 가격이 폭등해서 귀족들만 우유를 사 먹을 수 있게 되어 버렸어요.

왜냐하면 프랑스 정부가 우유 가격을 강제로 내리자 판매자들이 우유 생산을 포기하고 젖소를 내다 팔아버렸기 때문이에요. 그러자 이번에는 정부가 우유 판매자를 돕고자 젖소 먹이인 건초 가격을 낮추라고 지시했어요. 건초 판매자도 손해를 보면서 건초를 팔 수 없으니 건초 생산을 포기하게 되었지요. 결국 이러한 악순환이 반복되면서 우유 가격은 끝없이 오르게 되었답니다.

10

4차 산업혁명

사람이 살아가는 데 필요한 재화와 서비스를 생산하는 활동을 '산업'이라 하고, 옛날의 제도나 방식을 완전히 새로운 것으로 변화시키는 것을 '혁명'이라고 해요. 그래서 이 두 단어를 합친 '산업혁명'은 재화와 서비스를 생산하는 방법을 급격하게 변화시킨 것이라고 할 수 있지요.

사람들이 주로 말하는 산업혁명은 1차 산업혁명이에요. 18세기 영국에서 증기기관의 발명으로 기존에 사람이 직접 만들던 물건을 기계가 대신해서 만들기 시작했어요. 농부들은 더 이상 농사를 짓지 않고 공장에서 일하게 되었고, 그 결과 도시가 발달하게 되었어요.

그러다가 19세기 말에는 공장에서 전기를 본격적으로 사용하기 시작했어요. 또 내연기관의 발명으로 많은 물건을 빠르게 많이 생산하는 대량생산이 가능해졌어요. 수증기를 에너지로 바꾸는 증기기관에서 휘발유를 사용해 에너지를 만드는 내연기관으로 탈바꿈한 것이지요. 이 시기를 2차 산업혁명 또는 대량생산 혁명이라고 불러요.

20세기 후반부터는 컴퓨터와 정보통신망이 발달하면서 전 세계 어디에서나 통신과 정보교환이 빠르게 이루어졌어요. 공장에서는 사람 없이도 물건을 생산하는 기술이 도입되었지요. 그 결과, 사람들은 컴퓨터, 휴대폰 등을 일상생활에서 자유롭게 사용하기 시작했어요. 이를 3차 산업혁명 또는 정보화 혁명이라고 해요.

3차 산업혁명까지는 과거에 발생한 일이라면, 4차 산업혁명은 지금도 진행 중이에요. AI라 부르는 인공지능의 발달로 로봇이 스스로 판단해서 재화와 서비스를 생산하고, 자율주행 자동차처럼 사람이 없어도 운영되는 시스템이 우리 일상생활에 스며들고 있어요. 그리고 집에 있는 티브이, 냉장고, 에어컨 등 전자제품이 서로 연결돼서 정보를 주고받는 세상이 올 거예요.

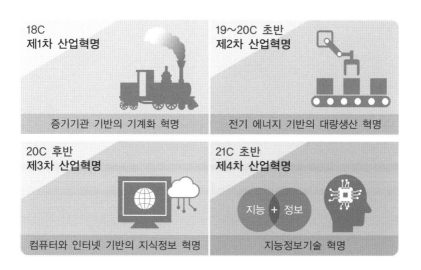

18C
제1차 산업혁명
증기기관 기반의 기계화 혁명

19~20C 초반
제2차 산업혁명
전기 에너지 기반의 대량생산 혁명

20C 후반
제3차 산업혁명
컴퓨터와 인터넷 기반의 지식정보 혁명

21C 초반
제4차 산업혁명
지능 + 정보
지능정보기술 혁명

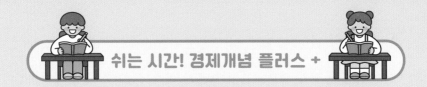
공유지의 비극

공유지는 주인이 없어서 누구나 쓸 수 있는 땅을 말해요. 마을 사람들이 공동으로 사용하는 초원에 너도나도 가축을 풀어 놓으면 초원은 곧 황폐해지고 말아요. 이렇게 공유자원이 무분별하게 사용돼서 낭비되거나 고갈되는 것을 공유지의 비극이라고 해요.

국가채무

정부가 거둬들인 세금보다 사용한 돈이 더 많은 경우를 재정적자라고 해요. 재정적자 등을 보전할 목적으로 국내외로부터 자금을 빌린 것을 국가채무라 하지요. 국가채무는 새로운 재정적자가 발생하지 않더라도 기존 채무에 대한 이자가 발생하기 때문에 계속 늘어나는 특성이 있어요.

실업률

일자리를 잃거나 일할 기회를 얻지 못하는 것을 실업이라고 해요. 실업률은 만 15세 이상의 인구 중에서 일할 의지와 능력이 있으나 실업 상태에 놓인 사람들의 비율이에요.

G20

세계 경제를 이끄는 G7에 속하는 7개 나라와 신흥시장국 12개 나라, 그리고 유럽연합으로 구성된 국제회의체예요. G20 정상회의는 정치, 사회, 문화 등 다양한 분야에서 각국의 이익을 조절하는 역할을 하고 있어요. 우리나라는 1999년부터 G20에 참여하고 있답니다.

1997년 아시아 금융위기

1997년 태국을 시작으로 한국 등 아시아 국가에서 발생한 외환위기를 말해요. 우리나라의 외환 보유액이 부족해서 국가 경제에 큰 타격을 입은 사건이에요. 그 결과 대기업이 파산하고 수많은 사람이 직장을 잃었어요. 흔히 'IMF 사태'라고 부르는 사람들이 많아요.

경제와 놀자

인쇄일 2024년 6월 5일
발행일 2024년 6월 10일

지은이 강지윤, 윤종훈
펴낸이 이윤규

펴낸곳 유아이북스
출판등록 2012년 4월 2일
주소 서울시 용산구 효창원로 64길 6
전화 (02) 704-2521
팩스 (02) 715-3536
이메일 uibooks@uibooks.co.kr

ISBN 979-11-6322-146-3 (43320)
값 16,000원